“豊かな人生と最高の幸せ”
を引き寄せたいなら

「伊勢の神さま」にまかせなさい

清水義久

大和出版

まえがき

伊勢神宮はすべての人に大いなる恵みを与えてくれる

伊勢神宮の内宮に鎮座されていらっしゃるのは、天皇の祖神であり、八百万の神の頂点に君臨している女神である「天照大神（あまてらすおおみかみ）」さまです。

伊勢にいらっしゃる神々の代表です。

車も新幹線もなかった時代、江戸から伊勢までは片道15日間、大阪からでも5日間、東北にいたっては100日以上かかったと言われています。

それでも、生きている間に一度は行きたい——「一生に一度はお伊勢参り」というのが、昔の人々の願いだったそうです。

ところで、あなたが神社へお参りしようと思うのは、どんな時でしょうか？

幸せを感じている時にふと立ち寄ってみたくなった。

偶然見つけたので物見遊山で参拝してみた。

御朱印を集めているのでそのためにあちこち回っている。

中には、そういう人もいるでしょう。

しかし多くの人は、
苦しい時。

悲しい時。

困っている時。

絶望の淵にある時。

人には話せない悩みがある時。

神社に足を運ばなくとも、神さまに頼るのではないでしょうか？

「苦しい時の神頼みなんて、ムシがよすぎる」

そんなことはありません。

なぜならこれからお話しする「伊勢の神さま」は、

「人生どん底」

「行き詰まって立ち往生」

「もう自分には何もできることがない」

という人にこそ、救いの手を差し伸べてくださるからです。

伊勢には天照大神さまだけではなく、素晴らしい能力を持った神さまがたくさんいらっしゃいます。

この本に登場するのは、天照大神さまを含む「五柱（ごちゅう）」です。

ちなみに神さまは「人間」ではないので、「ひとり」「ふたり」ではなく「一柱（ひとはしら）」「二柱（ふたはしら）」と表します。

ひとりは、猿田彦大神（さるたひこのおおかみ）さま。

あなたを取り巻く不幸な状況を一掃し、必要な世界に導いてくださいます。

もうひとりは、天宇受賣命（あめのうずめのみこと）さま。

あなたを助けるために寄り添い、神さまと縁結びをしてくださいます。

そして外宮に鎮座する豊受大神（とようけおおかみ）さま。

あなたの人生に衣食住のご利益をもたらし、豊かな人生にしてくださいます。

最後は、月読命（つくよみのみこと）さま。

あなたの内面をその力で浄化し、よい人間に変えてくださいます。

この四柱の神さまによって満たされたあなたが、最後に出会うのが天照大神さまです。

神々の住む「高天原（たかあまはら）」の頂点に君臨し、八百万の神をまとめていらっしゃる最高神です。

「天照」とは、万物をあまねく照らす太陽を意味しています。

つまり、ここにいらっしゃる天照大神さまは太陽の化身であり、表通りを笑いながら歩いている人にも、裏街道でコソコソ生きている人にも、草木や動物にも、すべてのものに太陽という光の恵みを与えてくださる神さまなのです。

しかもその恵みを出し惜しむこともなく、えこひいきなどもなさいません。

実は、天照大神さまがいらっしゃる内宮という場所は神殿だけでなく、その全体が「ご神域」という構造になっています。鳥居をくぐって橋を渡ったら、そこからはもう神さまの領域です。

たとえば他の宗教では、こうした神聖な場所にはその宗派の人しか入れないというのが習わしとなっているのですが、よその国の人も、他宗教の人も、そして成功者にも困っている人にも、

「みなさん、いらっしゃい。どなたでもウェルカムですよ」

と、常に門戸を開放している――そんな寛大な心の持ち主である天照大神さまの放つ光に導かれて、大勢の人が参拝に来られるのでしょう。

神前ではただ、

「お蔭さまで、ありがとうございます」

と、畏敬の念を持ってお伝えするだけで十分です。

天照大神さまは最高神。

何も頼まずともすべてをご存知です。

ですから、頼みごとをする必要はありません。

これが、

「伊勢神宮ではお願いごとをしてはいけない」

という言葉の持つ、本当の意味なのです。

すべてをおまかせして、ただ祈ればよいだけです。


いまがうまくいっていないからといって、絶望することはありません。

「世の中はとてもファンタスティックなところですよ」

そう教えてくださるのが、伊勢の神さまなのです。

さあ、これから伊勢への旅が始まります。

きっとたくさんの驚きと感動を味わえると思います。

そして旅が終わる頃には、あらゆる願いを次々と引き寄せられるようになっているかもしれません。

しかし、そこはまだゴールではありません。

あなたが願いを叶えて幸せになった後は、どうなるのか——。

最後にヒントを教えておきましょう。

「救いの道は右にも左にも通じていない。それは自分自身の心に通じる道である。そこにのみ神があり、そこにのみ平和がある」——ヘルマン・ヘッセ
この一冊で、あなたに無限の豊かさが光の如く降り注ぎますように。

清水義久

目次

“豊かな人生と最高の幸せ”を引き寄せたいなら「伊勢の神さま」にまかせなさい

第一章

「奇跡」を起こすために知っておきたい
「願望実現」と「引き寄せの法則」

第二章

神々の「ルーツ」、そしてそれぞれの「お役割」

伊勢の神さまは何者か？

第三章

すべてに壮大な意味があった
伊勢神宮の隠された構造

第四章

正しい「お伊勢参り」ガイド

五柱の神さまと出会う旅

第五章

「浄化」と「引き寄せ」のワーク

伊勢の神さまの

ご縁がずっと続いてくれる

第六章

「運命の輪」は必ず動き出す「お蔭さま」の本当の意味

企画構成――和場まさみ
本文レイアウト――齋藤知恵子
本文イラスト――伊東ぢゅん子
写真――本目信太郎
本目絵美子

第一章

「奇跡」を起こすために知っておきたい

「願望実現」と「引き寄せの法則」

願いごとが叶わないのはなぜ？

世の中には、願いごとを叶えるためのノウハウがたくさん溢れています。

「毎日100回、ありがとうと言いましょう！」

「周囲の人すべてに、毎日感謝の気持ちを捧げましょう！」

「来る、きっと来る、とイメージングしましょう」

みなさんも何かひとつくらいは、トライしたことがあるのではないでしょうか？

実際にそれでうまくいった人もいるでしょう。しかしきっと、うまくいかなかった人もいますよね。中には、

「大好きなあの人とラブラブになる、ラブラブになると毎日念じていたけれど、逆に嫌われちゃった……」

「お金がたくさん欲しいから、願いを叶える方法を習いに行ったのに、散財して貧乏になっちゃった……」という人も、いると思います。なぜ願いというものは、なかなか叶わないのか……。その理由を、最初に少し考えてみましょう。

願いを叶える方法は4種類ある

いまは自宅でもスマホでも気軽にテレビを観ることができ、番組もバラエティに富んでいます。

いつでもどこでもテレビが観られるのは、放送局から電波が発信され、その電波に乗ってニュースや天気予報といった情報が私たちに提供されるからです。

願いを叶えることは、こうしたテレビの仕組みによく似ています。

番組として提供される「情報」には、たとえばパンダの赤ちゃんが生まれた、若者がお年よりを救ったというような「ポジティブ」なものと、事故や震災など「ネガティブ」なものがありますよね。視聴者はその内容によって、明るく前向きな気分（○）になったり、どんよりとした暗い気分（×）になったりするものです。

それとは別に、テレビ局から送信される電波というものがあります。この電波は「エネルギー」の一種で、高い山（凸）と低い谷（凹）のような曲線が交互に繰り返される波形で構成されています。

そして、このテレビを視聴する仕組みと同じように「情報」（番組の内容）と「エネルギー」（放送局の電波）を組み合わせることによって、願いを叶える4種類の方法ができあがります。

波形を織りなす電波のうち、高い山「凸」にあたるものを「陽」のエネルギーと言い、低い谷「凹」にあたるものを「陰」のエネルギーと言います。

また情報にも、明るい話題にあたる「ポジティブ」＝「○」なものと、暗い話題にあたる「ネガティブ」＝「×」なものがあります。

このうち、「陽」（凸）のエネルギーを使って願いを叶える方法を「願望実現の法則」と言い、組み合わせる情報には「ポジティブ」（○）なものと「ネガティブ」（×）なものがあります。

一方の「陰」（凹）のエネルギーを使って願いを叶える方法を「引き寄せの法則」と言い、組み合わせる情報は同じく「ポジティブ」（○）と「ネガティブ」（×）です。

つまり、願望実現の法則を使って願いを叶える方法は「凸―○」「凸―×」という2種類、引き寄せの法則を使って願いを叶える方法も「凹―○」「凹―×」の2種類があって、両方合わせると4種類になるわけです。

では、それぞれの具体的な方法についてお話ししていきましょう。

ひとつめは、エネルギーが「陽（凸）」で、情報が「ポジティブ（○）」のケース。

エネルギーは明るく強くテンションMAXで、しかも情報が前向きですから、

「よし！　私にはできる！」

「必ず実現させるぞ！」

という、自信と確信に満ちた状態です。

このように考えたり、感じたり、前向きな言葉をどんどん口にできる人というのは、自力と念力で願いを叶えてしまえるものです。

「百万回、ありがとうと言うぞ！」

「大きな声で朗々と願いごとを言い続ければ叶うぞ！」

というのもこの方法のひとつで、まるで新橋のオジサンのようなテンションで願いを叶えていけることでしょう。

ふたつめは、エネルギーが「陽（凸）」で、情報が「ネガティブ（×）」のケース。

エネルギーが強くてテンションMAXでも、情報が後ろ向きなので、

「クソ～！　死んでやる！」

「バカヤロ～！」

「もう無理なんだよ！」

という、かなりキレ気味のヤケクソ状態という感じです。

しかしこの場合、うまくいかなかった悔しさや、自分を不幸に陥れた相手への恨みや呪いといった言葉と感情をバネにして、

「絶対、見返してやるからな！」

と頑張って、ヤサグレ根性で願いごとを叶えてしまうこともあるわけです。

このように願望実現系で願いを叶える場合は、情報がポジティブでもネガティブでも、エネルギーは「陽」というテンションの高いモードなのです。

三つめは、エネルギーが「陰（凹）」で、情報が「ポジティブ（○）」のケース。

エネルギーは弱くてテンションが低め、いわば体の力が抜けているリラックスモードなのですが、情報は前向きなので、

「いつか叶うといいなぁ……」

「あの願いが叶ったら、どんなに幸せだろうなぁ……」

という、夢見る状態です。

この方法は、みなさんもよく知っている一般的な「引き寄せの法則」にあたります。

願いが叶っている様子を何となくホワ〜ンとイメージしていると、いつの間にか引き寄せていますよ、という方法です。

最後は、エネルギーが「陰（凹）」で、情報が「ネガティブ（×）」のケース。

リラックスモードで後ろ向きというのは、

「私、もうダメ……」

「どうしたらいいかわかんないの……」

「どうしたらいいかわかんない……」

こんな感じのヘタレさんです。

もう少しステキな表現に変えて「か弱い女子」、とでも言っておきましょうか。

もう自分には何もできることがない。だって絶望のどん底にいるから。

ならばもう、頑張る必要はありません。

困ったままでも大丈夫です。

泣いてばかりいても問題ありません。

これ以上、無理しないでください。

それでも、あなたの願いは叶うのですから。

なぜなら、絶望して泣いてばかりいるか弱い女子にも味方をしてくださるのが、今回お話する「伊勢の神さま」だからです。

あなたはただ、

「のんびりとリラックスして、伊勢の神さまにすべてをおまかせしよう」

と思っていればよいだけです。

頑張るぞと全身に力を入れている時よりも、フニャ～と柔らかな心で神さまにすべてを丸投げしたほうが、願いは意外と叶うものなのです。

苦しいときの神頼みで「引き寄せ」

ところで、八百万の神さまの中にも「願望実現」系を応援してくださる神さまと、「引き寄せ」系に力を貸してくださる神さまがいらっしゃることをご存知でしょうか。

「陽」のエネルギーのテンションとポジティブな情報で「願望実現」をするという時は、「自信」と「確信」、そして明るさ、楽しさ、笑いが必要です。

「私にはできる」と信じること。

「願いごとは必ず叶う」と思うこと。

この両方のエネルギーが自分の体から外側へ漏れ出していくような力強さを応援してくださるのは、住吉大社の神さまです。

極端に言えば、そこに感謝などは必要なく、

「神さま、できますよね。ありがとう！」

くらいのノリでいいのです。

もっと軽く言うならば、

「私にはできますよ！　だから神さま、応援してください。サンキュー！」

といったニュアンスです。

さらにザ・関西系の軽めなノリで、

「私にはできなくても、神さまならできますよね！　よろしく！」

という感じでも大丈夫。住吉の神さまなら喜んで引き受けてくださいます。

また住吉大社では、

「もう何もできない。神さまにも頼めない。自信もない……」

というときでも、「龍女祓災秘咒（りゅうじょばっさいひじゅ）」のマントラを唱えれば、その邪気とすべての苦厄が浄化され、その後に住吉大社に参拝するだけで、

「あとはやっておくからね」

と願いを叶えてくださるので、か弱い女子でも通用してしまいます。

このように「願望実現」の構造は、「陽」のテンションとポジティブな情報であり、

「私はできる！　私はやれる！」

という強さは「オヤジ力」だということがおわかりいただけたでしょうか。

これは「引き寄せ」の技ではありません。

自分自身のパワーを分散させ、外側へどんどん出したことで、新たなエネルギーを呼び

寄せて実現しているわけで、元は「自力」なのです。

言い換えるならば、これは「魔法使いの力」です。

一方の「引き寄せ」の技はと言うと、こちらは「神さま使いの力」です。

根本的に、神頼みをする時というのは、

「もう自分にできることは何もない」

というのが大前提になっています。

いろいろやった。

頑張った。

ポジティブな情報も発信した。

イメージングもした。

念力も使った。

でも、届かなかった……。

自信を失い、確信もなくなり、世間は冷たくて厳しいところだなと感じ、ただ泣いて暮らすしかない……というところから「神さま使い」が始まるのです。

そして、

「もう無理」

と泣いていると、

「お嬢さん、何かあったんですか」

と神さまが遣わした王子様が登場し、引き寄せのギフト攻撃が始まるわけです。

ですから自分が明るい性格だったり、ポジティブシンキングができたり、うまくいくことを確信できたり、願ったり、計画したり、目標を立てることができる、そんなエネルギーを使えるなら、神さまに頼む必要はありません。そのエネルギーこそが「念力」であり、「超能力」であり、魔法使いの「魔法」だからです。

しかし「神さま使い」もまた、最初は「自力で願って念力を使う」ことにトライします。

それでも実現しないから、

「神さま、何卒よろしくお願いいたします」

が始まるのです。

これが本当の「苦しいときの神頼み」。

白馬の王子様に助けてもらうお姫さまモードです。

それが本当の意味での「引き寄せ」なのです。

何も手立てがなくなった最後の最後に、神さまは、

「大変だったのね……。ステキな彼氏を連れてきてあげましたよ」

「いままで苦労したのですね……。必要なお金を持ってきましたよ」

と、あなたのもとへやってきてくださいます。

しかし、

「よ～っしゃ！　こっち来～い！」

というのは引き寄せというか、もう呪い寄せ。居酒屋で騒いでいるオジサンのようになっているあなたを見たら、

「あれ？　お呼びでない？　連れて来たけど、持ってきたけど……あなたは自分で強く願っていますよね。だったら大丈夫でしょう。頑張って！」

と、神さまは引き寄せのエネルギーを持ち帰ってしまうでしょう。

あくまでもか弱く、健気に、はかなげに。

フニャ～と力を抜いて、柔らかく。

それが伊勢の神さまに応援していただく秘訣です。

重要なのは恨まない、呪わないこと

本当の「引き寄せ」の技と方法については、十分に理解していただけたと思います。
しかしもうひとつだけ、重要なポイントがあるのです。
それは、「引き寄せの法則」を発動させる際に、

- **呪わない**
- **恨まない**
- **妬まない**
- **ひがまない**
- **騒がない**
- **人のせいにしない**

つまり、「被害者意識を捨ててしまう」ということ。

すべてを失い、何もできない時に限って、人は他人を恨んだり、妬んだりしてしまいがちです。

「いいよな、アイツはうまくいって……」

「どうして私だけがこんな目に遭うの？」

不平不満で心がいっぱいになっている人を、誰が助けたいと思うでしょうか？

逆に、こうした思いをまったく持たない「よい人間」がいたら……神さまや世間が放っておくはずはありません。

「可愛くて、性格もよい女子が泣いている」

これが、神さまと白馬の王子様が救いの手を差し伸べる必須条件であり、「引き寄せの法則」の真髄です。

ところが多くの人は、恨んだり呪ったり軽挙妄動（けいきょもうどう）してしまいがちです。これでは、ノウハウを知っていたとしても、「引き寄せの法則」は発動しません。

物事に動揺せず、泰然自若でいること。

そのうえで、

「私はいまこんなに大変なのですけれども……神さまありがとうございます」

と、神恩感謝の意をお伝えすれば、神さまはますます、

「君は、何て健気でいいヤツなんだ！」

と思い、さらに尽力してくださるでしょう。

ネガティブ感情は身体に現れる

自分はいま、うまくいかなかったことを恨んでいるのか、恨んでいないか。

それはあなた自身の「体」に聞いてみればわかります。

表層意識では「恨んでいない」と思っていても、体は正直なもの。その感情は、然るべき場所に、然るべき症状で現れてくるのです。

指標となるのは「五行説」。


「万物はすべて木・火・土・金・水の五元素に分けられ、互いに影響し合って宇宙が成り立っている」


というのが、五行説の基本理念です。

自然や季節、惑星や方位、そして私たちの身体や食べ物などにも対応しているもので、東洋医学の中心的な考え方にもなっています。

では具体的に、身体と五行はどのような関係にあるのか。

「肺・大腸」は「金」、「胃・脾臓」は「土」、「心臓・小腸」が「火」、「膀胱・腎臓」が

「水」、そして「胆嚢・肝臓」が「木」に対応し、順番も解明されています。

ネガティブな心のエネルギーは、これから説明する順番で起こるものであり、またその順番に沿って対処していかないとリセットできないようになっているのです。

最初は「肺・大腸」。これは「悲しみ」の感情を支配します。

次が「胃・脾臓」。これは「不信・不安」の感情。悩み考えるストレスを表しています。

次は「心臓・小腸」。これは「イライラ・他者否定」の感情です。「あの人が悪い、あの人がこうするべきだ」とイライついていると、この臓器に不調が現れてきます。

ここで、三つの項目を振り返ってみると、
何かイヤなことがあって悲しくなった。

自分のせいだと悩んでストレスが溜まる。

「悪いのは相手や環境である」とマイナス感情が外へ向き始める。

という流れになっています。

四番目は「膀胱・腎臓」。これは「恐怖」の感情です。「私のせい」という「我」と、「相手や環境のせい」という「世界」の両方を悪いと思ったことによって、今度はもっとひどいことが起こるのではないか、どうすればよいのだろうという深刻なダメージを受けている状態です。

そしてここまでの四つの項目は、すべて「主観」と言えます。
外界で不幸な出来事が起きた。
最初は悲しかった。
それは自分のせいだと思った。
相手や環境のせいだと思った。
そうしたら怖くなってきた……。

この四つの主観が深まっていくと、動脈・静脈の血管を司る経絡「心包経（しんぽうけい）」と、体内の水やリンパ液を司る経絡「三焦経（さんしょうけい）」のボディシステムに支障をきたし、体内の血と水の流れが異常になってきます。つまり、「主観」というソフトウェアのバグが、ハードウェアにあたる「身体」そのものを壊し始めてしまうわけです。
特に「三焦経」は、水やリンパ液だけでなく、「オーラ」と「気」の通り道でもあり、それらを活性化させる役割をも担っている大切な経絡です。そして、水やリンパ液には、見えないエネルギーがたくさん溶け込み、それらは腎臓に運ばれていきます。
ですから、腎臓に不調が現れるということは、全身を流れる水やリンパ液に、ネガティブなエネルギーがたくさん溶け込んでいる、ということです。
そうして腎臓が悪くなった時、オーラと気がクラッシュし、血液の異常や水の代謝異常が勃発、全身のエネルギーは邪気と化し、最後は「怒り」となって、五番目の「胆嚢・肝臓」にダメージを食らう――これはいわば、心理ストレスの順番ということになります。

怒りによって肝臓に不調が現れた時には、もう最悪のコンディションになっているでしょう。システムエラーを途中で止められない状態で、今度は自分の体が病んでいることも含めて悲しくなる……という具合に、負のスパイラルのような2周目が始まるのです。


あなたの身体の不調はいま、どこに現れていますか？


それによって、自分の心の奥底に潜むネガティブ感情に気づくことができるでしょう。

この五行説を全体の流れで見てみると、凹系女子の「悲しみ」と、凸系オジサンの「怒り」で挟まれていることがわかります。

それはつまり、「怒り」のテンションになっている人は「念力」を使った「願望実現」に向いていて、「悲しみ」に支配されて何もかも無理だと泣いている人は、「引き寄せ」によって助けを要求すればよい、ということ。そのどちらでもない途中の段階なら、

「自分で頑張れよ！」

ということになるわけです。

人生どん底なら、伊勢に行きなさい

自分の感情が、いまどんな状態なのか。

それがわかれば、すがるべき神さまもおのずとわかってくるはずです。

もしもいま、あなたの感情が悲しみの方向（凹）にあるならば、「出雲の神さま」が助けてくださいます。大国主命（おおくにぬしのみこと）さまは「縁結び」によって願いを叶えてくださいますが、それは人の痛みのわかる神さまだからです。あなたと願いごととの縁を結び、叶えた後にあなた自身まで「よい人間」にしてくださいます。

あなたの感情が怒りの方向（凸）にあるならば、「願望実現」に力を貸してくださる「住吉の神さま」を味方につけて、成長していきましょう。

そして、怒りも悲しみも通り越し、すべてに絶望して「もう無理」と泣いている状態なら、「伊勢の神さま」におまかせすればよいのです。

困ったことが起きた時、最初にやってくるのは「悲しみ」の感情。ですから最初に、

「出雲の神さま」に完全におまかせして、縁を結んでいただくという神技を『「出雲の神さま」にまかせなさい』（大和出版）ではお伝えしました。

次にやってくるのは「不信・不安」「ストレス」、そして「イライラ」「他者否定」、最後に「怒り」。これらはすべて「住吉の神さま」が浄化してくださいます。そして最後は、自分自身がドラゴンに成長して「願望実現」を成し遂げる——そんな神技を『「住吉の神さま」にまかせなさい』（大和出版）でお伝えしました。

最後にご紹介する「伊勢の神さま」は、
「人生どん底、やるべきことはもう何もない」
という、いちばんダメな人を救ってくださいます。
出雲の神さまでもダメだった？　本当に？　でも大丈夫。
住吉の神さまでもダメだった？　本当に？　でも大丈夫。
全部ダメでも大丈夫。弱っていても大丈夫。
暗くて陰気でも大丈夫。小賢しい努力をすべてやめても大丈夫。
願いごとをすべてお伝えしなくても大丈夫。繰り返さなくても大丈夫。

ただ「神恩感謝」の気持ちをお伝えする。それだけで大丈夫です。

すると伊勢の神さまは、

「お金で困っているのね？　彼氏がいないのね？　家族にトラブルがあるのね？？　具合が悪くて死にそうなのね？　全部言わなくてもいいですよ。わかっていますからね。もう大丈夫ですよ。よく来ましたね」

と、察してくださいます。

「まえがき」でもお伝えしたように、

「伊勢神宮ではお願いごとをしてはいけない」

という言葉の本当の意味は、実はここにあったのです。

伊勢神宮は、頑張ってお礼を伝えに行くのではなく、ただただ静かに、感謝をしみじみ噛みしめながら「ありがとうございました」と言う、それだけでよい場所です。

早朝に行ってアレをするコレをする、大声で祝詞を唱える、大きな音で柏手を打つ、何回も繰り返し参拝する……そうした積極的過ぎる仕掛けはすべて「神恩感謝」から離れていくものであるかもしれないということを、知っておいてください。

伊勢神宮の外宮の神さまは「豊受大神（とようけのおおかみ）」さま、そして内宮の神さまは「天照大神（あまてらすおおみかみ）」さま。

どちらも「お姫さま」なので、同調するには静けさが必要です。

そうして「神恩感謝」のみをお伝えした時から、完全なる「引き寄せ」が始まる――つまり伊勢神宮は、「引き寄せの総本山」と言っても過言ではないでしょう。

観光バスで行って、がやがや騒がないでください。

神社の敷地内では、言葉を発しないくらいがちょうどよいのです。

橋を渡って神宮の外へ出たら、「おかげ横丁」で盛り上がりましょう。

伊勢の神さまの前で大切なのは、

「いかにすべてを委ねられるか」

ということです。

そして必要なのは、

「感謝」「静けさ」

それだけでよいのです。

ですから、参拝の際は「できる」と考えたり、求めすぎてはいけません。

「私にできることは何もなくなった。どうしていいのかわからない」

そんな絶望の淵にいながら、

「よい人間になります」とお伝えすること。

すると神さまは、何と健気な人だろうと感動し、

「先に救ってあげたいよい人なのに、私たちの手違いでしたね。ごめんなさい」

と、積極的に介入し始めてくださいます。

これが、正真正銘の「引き寄せ」です。

そして、そんな素晴らしい奇跡を与えてくださるのが、伊勢の神々なのです。

第二章

伊勢の神さまは何者か？

神々の「ルーツ」、そしてそれぞれの「お役割」

登場人物は五柱の神さま

第一章を読んで、

「よし、いますぐ伊勢神宮の内宮に行こう！　そしてメソメソしながら神恩感謝とお伝えすれば、彼氏もできるし、お金も入るし、仕事もうまくいく！」

と、すぐに行動したくなってしまったあなた。少しお待ちください。

まずは伊勢の神々について知っておいたほうがよろしいかと思います。

今回登場する神さまは、伊勢神宮の内宮に鎮座する天照大神（天照さま）、外宮に鎮座する豊受大神（豊受さま）、おかげ横丁の奥にある猿田彦神社にいらっしゃる猿田彦大神（猿田彦さま）と天宇受賣命（アメノウズメさま）の夫婦神、そして月読命（月読さま）。

この五柱の神さまの連携が絶妙になされているのが「伊勢」という地です。

その恩恵に預かるために、それぞれの神さまの役割を知り、伊勢神宮の構造を学び、神技を習得するための術を学んでおきましょう。

ということで、まずは伊勢の神々のルーツと役割についてお話しいたします。

万物の根元・太陽神「天照大神」

伊勢と言えば、最初に思い浮かぶのはやはり天照さま。

天を司る「天津神（あまつかみ）」を代表する女神さまであり、国づくりの神として日本国土を形成した初の夫婦神「伊弉諾尊（いざなぎのみこと）」（イザナギさま）と「伊弉冉尊（いざなみのみこと）」（イザナミさま）のお子さんです。

国生みと神生みを行い、最後に火神「火之迦具土神（ひのかぐつちのかみ）」（カグツチさま）さまを生んで命を落としたイザナミさまを恋しく思った夫のイザナギさまは、黄泉の国まで再会に行ったものの、その変わり果てた姿に恐れをなして逃げ帰り、死国の穢れを洗い清めるために筑紫（つくし）の日向（ひむか）の橘之小門（たちばなのおど）の阿波岐原（あわぎはら）で「禊（みそぎ）」を行いました。

そこで左目を洗ったとき、天照さまが光とともに誕生したのは有名な話。その後に、右目からは月読さまが、鼻からは出雲の神さまでおなじみの「素戔嗚尊（すさのおのみこと）」（スサノオさま）が生まれたのですが、この三神は特に「三貴子」として尊ばれています。

イザナギさまは天照さまに、天津神の住まう高天原（たかあまはら）の統治を命じました。この時、自分の首飾りの玉の紐を音が出るほど振った後、それを天照さまに渡しているのですが、これは玉の霊力を発揮させるための「魂振り（たまふり）」という行為であり、その玉は統治者であることを示すシンボルでもあります。高天原は絶対の国であり、その統治者になるということは、「葦原中国（あしはらのなかつくに）」（高天原と黄泉の国の中間にある世界＝地上界）をも治めることになります。こうして天照さまは、八百万の神々の頂点に立ち、天上から燦燦と光を降り注ぐ至上最高の太陽神となったのです。

一方、月読さまは夜の世界を治め、弟のスサノオさまは海原を治めるはずでした。

ところがスサノオさまは「母のいる黄泉の国に行きたい」と泣きわめいて使命を果たさず、とうとうイザナギさまに永久追放されてしまいます。

「国を去る前にひと目、姉さんに会いたい」――そう思ったスサノオさまは、高天原へ赴きますが、天照さまはそれを攻撃だと勘違い、武装して待ち受けてしまいました。

スサノオさまは誤解を解き、心が清いことを証明するために女の子を生みますと誓いを立てたのです。

この時、スサノオさまの剣から宗像三神の女神が生まれ、天照さまの玉串から五人の男神が生まれました。天照さまの子供は、意外にもこの五神しかいないのですが、後に重要な役割を果たすことに……。これはまた別な機会にお話ししましょう。

しかしスサノオさまは、その後も粗暴な振る舞いを止めることはありませんでした。

その有様に悲観した天照さまは「天岩戸（あまのいわと）」に身を隠し、その扉を硬く閉ざしてしまったため、天地がすべて暗闇になってしまった――。有名なエピソードですよね。

真っ暗闇の世界では悪神が横行し、不幸や災害が続きました。その状況を憂いた高天原の神々は話し合い、天照さまの気を引くために大宴会を開いて大騒ぎしたのです。

この時、面白おかしい踊りを踊って神々を大笑いさせたのが、アメノウズメさまです。

天照さまは、

「高天原も葦原中国も真っ暗で、みんな困っているはずなのに……。なぜ笑い声がするの？」

と不審に思い、少しだけ戸を開けて何ごとかと尋ねると、ひとりの神さまが、

「あなたよりも尊い神さまが現れたのです。ほら、その姿をご覧なさい」

と言って鏡を差し出しました。それが、三種の神器のひとつである「八咫鏡（やたのかがみ）」です。

鏡に映ったのは自分の姿なのですが、天照さまはそれに気づかず「本当に私によく似ている……」と思い、もう少しきちんと見てみようと岩戸をさらに開けました。

そこですかさず、「天手刀男命（あめのたぢからおのみこと）」さまが天照さまの手を取り、引っ張り出したことで、天岩戸事件は無事解決したというわけです。

岩戸が開くと、たちまち天地は光り輝き、静かな世に戻ったとされています。

天照さまは、まさにこの世を照らす太陽そのものなのです。

その後、天照さまは葦原中国にさまざまな天津神（あまつかみ）を派遣し、国津神として国土を治めていた出雲の「大国主命（おおくにぬしのみこと）」（大国主さま）と国譲りの約束を交わし、天地ともに支配することとなりました。そしてここから、皇室の祖先である皇祖神になったと言われています。

ちなみに「天孫降臨」とはこの時に行われたもので、葦原中国を統治するために高天原から降りてきたのは天照さまの孫にあたる「瓊瓊杵尊（ににぎのみこと）」（ニニギノミコトさま）です。

天照さまは当初、大和の国（奈良県）に「鏡」として第10代崇神天皇とともにいらっしゃいましたが、第11代垂仁天皇の時に皇女である倭姫命（やまとひめのみこと）に自ら神託を下し、五十鈴川のほとりにある山田原に鎮座したため、伊勢神宮が建立されたと言われています。

「この神風の吹く伊勢の国は、遠く常世から波が幾重にもよせては帰る国である。都から離れた傍国ではあるが、美しい国である。この国にいようと思う」

天照さまはそう言って、約二千年前より伊勢の地に鎮座されています。

そして万物に降り注ぐ太陽としてこの世を照らし続け、日本という国そのものを守護してくださっているのですから、「神恩感謝」としかお伝えしようがないのです。

地球の大地神「豊受大神」

さて、次にお話しする外宮の祭神・豊受（とようけ）さまは、前出のイザナミさまがカグツチさまを産んで病床に伏せていた時、その尿から生まれた「和久産巣日神（わくむすびのかみ）」（ワクムスビさま）の娘です。

ワクムスビさまは、頭の上に蚕と桑、おへその中には五穀が生じたという食物起源の神話に登場する神さま。その娘である豊受さまもまた、五穀豊穣の食物神として、元々は丹波国の比治（ひじ）の真名井（まない）という場所に「等由気大神（とゆけのおおかみ）」さまとして鎮座していました。この真名井の地については諸説ありますが、最も有力なのは元伊勢（もといせ）籠神社（このじんじゃ）の奥宮にある真名井神社だとされています。

しかし天孫降臨後、天照さまのお告げによって渡会（わたらい）の山田原に迎えられて外宮の祭神となったのです。

その役割は、「天照さまの食事を調えること」でした。

豊受の「うけ」とは食物のことで、とりわけ稲の豊穣に深く関わる神さまだったのです。

そんな豊受さまにはもうひとつ、有名なお話があります。

それは、「丹後国風土記」に記されている、最古の「羽衣伝説」です。

ある日、真名井の湖水に八羽の白鳥が舞い降り、天女に姿を変えて水浴びをしていました。その様子を盗み見て、美しさに心を奪われたおじいさんは、天女を帰すまいと一着の羽衣を隠してしまいます。そのせいで、ひとりの天女は空を舞うことができなくなり、そのおじいさんとおばあさんの子供として引き取られることになりました。天女は酒造に長けていたので、真名井の水を使って毎日せっせとお酒を造り続けたところ、それが万病に効くとして売れに売れ、老夫婦はあっという間に大金持ちになったのです。しかし十年ほど経つと、裕福になった老夫婦は天女を追い出してしまいます。そして天女はさまよった末にある地に鎮まり、丹波の神＝豊受大神となりました。

何とも世知辛いお話ですが、このエピソードが「鶴の恩返し」の元型であり、天橋立伝説であり、元伊勢籠神社の「真名井の水」がご神水であるという根拠になっているのです。

さらにもうひとつ。

地上に舞い降りたこの八人の天女が「北斗七星」である、という伝説もあります。

「え？　星は七つでしょ？」とお思いですよね。

実は、北斗七星の柄杓の部分から順番に数えていった6番目の星の横には「輔星（ほせい）」という微かな光を放つ星が存在していて、本当は八つの星で構成されているのです。

澄んだ夜空ならほのかに見えるけれど、曇れば見えなくなる——そうして現れたり消えたりするこの星を、古代の人は泣き暮れている「捕らわれの姫」だと思ったのかもしれません。

現世を浄化する夫婦神「猿田彦大神」と「天宇受賣命」

背丈は驚くほど高く長く突き出た鼻に赤い顔、八咫の鏡の如く光る目は鬼灯のよう——と神話に記されているのが、猿田彦さまです。

その容姿から「天狗」の原形と言われていますが、両親など出生のルーツは記録になく、外来神ではないかとの見方もあるなど、謎の多い神さまのひとりでもあります。そんな猿田彦さまが大活躍するエピソードとして有名なのは、やはり天孫降臨の場面でしょう。

天照さまの命を受けたニニギノミコトさまは、高天原から葦原中国に降臨しようとしたとき、天の八衢（道の分岐点）で道に迷い、立ち往生していました。するとそこへ、行くべき道を照らす国津神が突如として現れたのです。

驚いた天照さまは、ニニギノミコトさまのお供をしていたアメノウズメさまに「彼の名前を聞きなさい」と命じて問わせると、

「私は伊勢の国津神。名を猿田彦と申します。ニニギノミコトさまを先導するためにここまでやってきました」

と答えたので、ニニギノミコトさまは彼を道先案内人において葦原中国まで行き、日向国の高千穂峰へ無事に下ることができました。

その後、天照さまはアメノウズメさまに、

「あなたが猿田彦さんの名を聞いたのだから、伊勢まで送り届けてその名を負い、仕えなさい」

と命じ、それがキッカケとなってふたりは夫婦になったと言われています。アメノウズメさまが「猿女君（さるめのきみ）」とも呼ばれているのは、天照さまの命によるものなのです。

神話からもわかるように、猿田彦さまはそもそも伊勢の神さまのひとりであり、しかも大地主だったと伝えられています。しかし、天照さまの鎮座が決まったときには争うことなくあっさりと土地を献上しているのです。その寛大さには感服いたします。

猿田彦さまは、道先案内人を務めたことから「道開大神（みちひらきおおかみ）」という別称も持っています。そして道を明るく照らしたことから「太陽神」の性格も持ち合わせている——私たちが人生という道に迷ってしまったとき、行くべき道を明るく照らして導いてくださる神さまなのです。

さて、アメノウズメさまはというと、決して現代風の美人とは言えませんが、縁起のよいお多福のような顔。神楽舞の名手であり、すばらしい肉体美の持ち主であり、機知に富んで勇敢なところもある、高天原の姉御的存在だったとも言われています。天岩戸に閉じこもった天照さまを、踊りで無事に呼び戻したことは先ほどお話ししましたが、踊っているうちに衣服が乱れ、裸同然になってしまったことが神々の笑いを誘ったのです。これは、アメノウズメさまの一世一代の名演技。まさに日本最古の踊り子、ストリッパーと言ってもよいでしょう。ちなみに天孫降臨の際、いきなり出現した猿田彦さまのことを邪魔者だと勘違いし、胸をあらわにした姿であざ笑いながら向かっていったというお話もあります。だからと言って「すぐに脱ぐ」神さまというわけではありませんが……。

アメノウズメさまも猿田彦さま同様、出生などのルーツは明らかになっていません。さまざまな研究者がさまざまな説を唱えていますが、天岩戸のエピソードから「神と笑ひゑらぐ」巫女の神格化であるという考察や、また私の大好きな折口信夫氏は岩戸でのアメノウズメさまの所作は魔法や超能力といった特別な力の源である「マナ」を集めて神さまに付けるという、古代の行為だったと唱えています。ひょっとすると彼女は、とんでもない力を持っているのかもしれません……。

とにもかくにも、天狗のような猿田彦さまと、お多福のようなアメノウズメさまが揃って伊勢の国まで旅をしている姿を想像すると、何ともおかしく、微笑ましい感じがしますよね。

隠れた世界「月読命」

最後に登場するのは、これまた正体不明の月読（つくよみ）さまです。

天照さま誕生の神話でもわかるとおり、禊をしているイザナギさまの右目から生まれた神さまであるという以外、『古事記』にも『日本書紀』にもほとんど記述がない神さまで、性別すらも女神なのか男神なのかわからず、物議の対象となっているほど。

自著『「出雲の神さま」にまかせなさい』では、大国主（おおくにぬし）さまとペアを組んで願いごとを叶えるために必要なアシスタントとしての働きを持つ、とお話ししました。

事務方のお仕事というのは、願いごとが叶うのを阻害する妨害波動や摩擦をなくすこと。

簡単に言えば「浄化作用」です。

天照さまは「太陽」で「陽」のエネルギーを持つ神さま。

月読さまは「月」で「陰」のエネルギーを持つ神さま。

太陽が輝くから、影ができる。

どんな場面でも、天照さまと月読さまは対概念として存在しています。

願いごとを叶えるアシスタントの月読さまが浄化したところへ、天照さまが明るい太陽のエネルギーを注入することで、願いごとが現実化するのです。

伊勢においても、月読さまは浄化という働きを担っていますが、実はそれとは別の役割も果たしています。


キーワードは「水」。曇り空から降ってくる「雨」。


イザナギさまが黄泉の国の穢れを祓うために「禊」をしたように、浄化作用にも「水」が必要ですが、今回はそれだけではありません。

地上の植物が育つために必要なものは何でしょう？

それは、「太陽」と「雨」です。

植物は、日照り続きだと枯れてしまう。かといって雨ばかりでも根枯れしてしまう。

「太陽」と「雨」の恵みが、ちょうどよいバランスで降り注がれること。

つまり月読さまは「雨を降らせる」という役割も果たしているわけです。

特に伊勢においては、それがいかに重要なことであるか、後にわかってくると思います。

天照さまと豊受さまには「本名」がある

天照さまも豊受さまも、さまざまな別称をお持ちですが、その中でも「本名」と思われる名前があることをご存知でしょうか。

そのお話をするためには、早くもひとつ、神道の秘密を明かさなければなりません。

それは「神さまの名前」にあります。

日本の神さまは、総じて「言霊（ことだま）の神さま」です。

ですから、特定の神さまを呼び出したい場合には、その神さまの「名前」を言えばよいのです。

つまり、神さまの「名前」がそのまま、神さまを呼び出すマントラ（真言・呪文）になっているというわけです。

ですから天照さまを呼び出すときには、

「アーマーテーラースーオーホーミーカーミー」

豊受さまを呼び出すときには、

「トーヨーウーケーノーオーホーミーカーミー」

と、名前をゆっくり唱えればとりあえず、やってきてくださいます。

他の宗教や仏教では、手印があったり、サンスクリット語の真言があったりするだけでなく、ひとりひとり呼び出す呪文が異なるので、それがわからなければ電話が通じないような仕掛けがなされているのです。

一方で日本の神さまは、名前がわかった時点で呼び出す祝詞をゲットできる、ということになります。

神道と同じ仕掛けを持っている唯一の宗教が、ユダヤ教でしょうか。日本民族とユダヤ民族が実は同じではないのかという都市伝説的なお話は、このような仕掛けに端を発していると思われます。

ちなみにユダヤ教の主神は「エホバ」ですが、その正式名称にあたる「ヤーウェ」という言葉をみだりに口にすることは禁じられています。そのため、数年前にカトリックでは祈祷書にある「その御名」を唱えなくなってしまったくらいです。

天照さまも豊受さまも、普段は前述のように名前をゆっくり唱えればやってきてくださいます。しかし、伊勢の神殿に参拝する際は、ぜひ「本名」を口にしてください。すると、その場で天照さまと豊受さまに繋がることができます。

ふたりの本名は、ある意味では「公然の秘密」となっています。

なぜなら、それぞれの境内で唱える専用の祝詞（のりと）である「伊勢内宮神前祝詞」と「伊勢外宮神前祝詞」の中に、その名前が書かれているからです。

祝詞の全文は第四章の「お伊勢さんツアー」でご紹介しますが、先に本名だけお伝えしておきましょう。

天照大神の本名は「憧賢木厳之御魂天疎向津比賣之命（つきさかきいづのみたまあまざかるむかつひめのみこと）」または「天照大日霊之命（あまてらすおほひるめのみこと）」。

豊受大神の本名は「保食大神（うけもちのおほかみ）」または「稲荷大神（いなりのおほかみ）」。

天照さまの最初の本名は、その荒魂であると考えられており、

「榊に宿り、清らかな魂を持っていて、高天原から降ってきた天に相対している女神さま」

という意味を持っています。

ちなみに、住吉大社でおなじみの神功（じんぐう）皇后が神がかりとなったときに宿った神さまは、この名前を名乗ったそうです。

そしてふたつめの本名は大和言葉で、「オホ」が尊称、「ヒルメ」は日本の女神という意味を持っています。

さて問題は、豊受さまの本名です。

「保食大神（うけもちのおほかみ）」とは、食物や五穀豊穣を司る女神、という意味です。

しかし、もうひとつの本名である「稲荷大神」とは、どういうことなのか――それは、豊受さまが全国の稲荷神の元締めであり、外宮は「お稲荷さんの総本山」である、ということを意味しているのです。

稲をたくさん収穫したものが米俵となり、それを荷物として積んだものが「稲荷」です。巷には「お稲荷さんは祟り神」だの「眷属（けんぞく）のお狐さんがやらかす」など、霊能的でおどろおどろしい噂が広がっているようですが、本当は豊受さまが稲荷神の最高の実力者で、しかも祀られているのが伊勢神宮の外宮なのですから、異端でも何でもありません。むしろ、霊能者や占い師が気軽に扱うレベルの神さまではないのです。

しかしこの真実は、伊勢信仰をしていても知らない人が多く、いわば「秘儀」とも言えるものでしょう。祟りがあるなどと言われてしまうのも、豊受さまが稲荷大神だという信仰が隠されていて、ほとんど伝わっていなかったからだと思われます。

日本でいちばん格上のお稲荷さんは、伊勢の外宮の豊受さまです。

そして稲荷大神は、金運や商売運などの現世ご利益を迅速にもたらす神さまですから、伊勢神宮の外宮は「現世ご利益の総元締め」でもあって、衣食住に関わるすべてを「豊かに受け取る」ことができるのです。

五神の連携プレーで「引き寄せの法則」が実現する

では、この五柱の神さまが「引き寄せの法則」において、どのような役割を果たしているのでしょうか。

そもそも、「引き寄せる」という行為は「関係性」の運動のようなもので、引き寄せた中身の保証がなされているわけではありません。つまり、ひと口に「引き寄せ」と言っても、何を引き寄せるかわからないわけです。

これを、みなさんが一度は利用したことがあるであろう、ピザのデリバリーに例えてみましょう。

お店の厨房で、実際にピザをつくって注文品を用意してくれるのは、天照さまのお仕事です。「ありがとう。お蔭さまです。いただきます」と思いながら、ピザが届くまで待っていればよいわけです。

しかし、もしも雪が降って道路が遮断されたり、配達人が事故に遭ってしまったら、せっかくのピザもあなたのもとへは届きません。お蕎麦屋さんに「まだですか」と電話したら、「いま出ました」と言われたけれど、待てども待てども届かない状態と同じです。

そこをうまく調整してくれるのが、猿田彦さまのお仕事。どんなアクシデントがあろうとも、あなたのもとへピザが確実に届くように道を開いてくれます。

ここでもまだ油断はできません。届くには届いたけれど、配達に時間がかかり過ぎて「冷めたピザ」になってしまっていたらどうでしょう。全然美味しくありませんよね。

そこで登場するのが豊受さま。最高に美味しい「食べどき」の状態であなたのもとへ配達されるという「結果オーライ」をもたらしてくれます。

ピザをつくった天照さま。
ルートを繋いだ猿田彦さま。
結果オーライの豊受さま。

「引き寄せ」は、この3つの保証がないと成立しないのです。

例えば豊受さまのお仕事が抜けていたら、玄関で受け取ったけれど床にぶちまけてしまう、なんていうことが発生します。届いたのに食べられないなんて残念ですよね。しかも絨毯やパソコンの上にこぼしてしまったら、取返しのつかないことになってしまいます。

ところが、です。3つの保証は揃ったけれど、あなたのコンディションが悪い——風邪をひいています、飲み過ぎです、お腹壊しています——という状態では、ピザを食べることができません。

ここで登場するのが月読さまです。あなたのコンディションをベストに整えてくれます。

しかし、ちょっと待ってください。そもそもピザの注文は、どなたがしたのでしょう？

もちろん電話をかけたのはあなた自身ですが、もしもダイヤルする番号を間違っていたら注文は成立しませんし、相手が不在だったら注文そのものができなくなってしまいます。きちんと電話を繋いでくれるオペレーター係、それがアメノウズメさまの仕事です。つまりあなたが引き寄せたい事柄を、天照さまに伝えてくれるわけです。

さらに言うならば、注文するためのスマホを用意してくれたり、スマホが手元になくてもある状態にしてくれる「隠れキャラ」的な神さまもいらっしゃるのですが……。それはまた、第四章で紹介することにしましょう。

伊勢の神々の連携プレーには、まるで日本のパスサッカーのような華麗さがあります。五柱のうち、どの神さまが欠けても「引き寄せ」は発動しません。何かが欠ければ、何かが弱くなるからです。

伊勢に赴いて、五柱の神さまにただ祈りを捧げるだけでも発動しません。

そこには、礼節と儀式が必要だからです。
そのすべてを理解し、学ぶのがこの本の本当の目的なのです。

第三章

すべてに壮大な意味があった

伊勢神宮の隠された構造

伊勢の「方位信仰」としての構造

さてここからは、伊勢に隠されている「歴史的ロマン」とも言うべき背景について、考察していきましょう。

少し難しいお話になるかもしれませんが、これを知るのと知らないとでは伊勢の神さまに対する認識が大きく違ってきますので、江戸川コナン君になったつもりでじっくりと「謎解き」を楽しんでください。

まずは伊勢神宮がなぜ、現在の地に建立されたのか、というお話から。

そこには、神話で語られている内容とは別の理由――「方位」という世界観があるのです。

古代の日本人は、太陽が昇ることを「誕生」、太陽が沈むことを「死」に見立て、国土の中の世界像を「方位」で捉えていました。

東は「誕生」の世界。

西は「死」の世界。


つまり、東西ラインという横軸で「世界」を捉えていたわけです。

なぜそう言えるのかと言うと、この考え方が地理的に、しかも実に精確に測定され、現実化されているからです。

日本列島のいちばん真東、房総半島の突端近くには、「鹿島神宮」が建立されています。

この一帯は、東側では銚子の岬から最初に日の出が見えることから「常陸国」と呼ばれていました。

鹿島神宮の主祭神は、「建御雷命（たけみかづちのみこと）」さま。高天原を代表して出雲へ赴き、国譲りの交渉に当たった神さまです。

鹿島神宮から真西の一直線上にあるのは、出雲大社。

そこは西の最果て、「日沈む国」。祀られている大国主さまは、根の国の大王です。

このように、東の突端に「誕生」の世界、西の最果てに「死」が配置されているならば、この世に生きている「人間」は、その中間にいるはずです。


古代日本人は、その中間点に「熱田神宮」を建立しました。

主祭神は「熱田大神」（アツタノオオカミ）ですが、その実態は「日本武尊」（ヤマトタケルノミコト）だと言われています。

彼は古代日本の皇族です。

国土の東西を結ぶ最長ライン上の、東にあるのが「鹿島神宮」。

西にあるのが「出雲大社」。

その中央には「熱田神宮」が並んで置かれています。

東西の直線上に、日本最古の由緒を誇る神宮と大社が、ほぼ同じ経度の上に4度という等間隔を置いて鎮座しているのです。


しかも、北緯はすべて34．5度に統一されています。

そして、出雲大社はヤマタノオロチ退治で尾から出てきた「草薙の剣」の始まり。さらに、鹿島神宮には建御雷神の「フツノミタマノ剣」があり、熱田神宮には、出雲の「草薙の剣」が奉納されている。鹿島―熱田―出雲を繋ぐ直線構造のすべてが、神さまの剣を表しているのです。

神―人間―黄泉という三つの世界が、東西ラインで一直線に繋がっている。

即ちそれが宇宙である。

そのシブいアイデアには、感服するばかりです。


そして伊勢神宮もまた、東西ラインに関わっています。

その昔、政治の中央は奈良の大和国にありました。

伊勢神宮は、この大和の国から見ると、真東に当たる北緯34．5分の線上にある「東の果ての国」だったのです。

伊勢はこの世にありながらの東の神界＝「常世」として、西の人間界である「現世」大和に相対させられていたと思われます。


さらに驚くべきことは、伊勢からさらに真東に行くと「鹿島神宮」が、真西に行くと「出雲大社」がある――。

すべて同じラインに建立されているのです。

グーグルマップなどなかった時代に、古代人の手によってこれほど完璧な測量が本当になされたのか――。

ひょっとするとそこには、人智を遥かに超えた何かしらの存在があるのかもしれません。

この紛れもない「事実」から言えるのは、構造的に建築の測量のアイデアがあるということで。

それはつまり、

「方位が力である」

ということを知っていたとしか思えない、ということです。

つまり、古代日本には確実に「方位信仰」があった。

それは現代の占いにあたる「方位取り」「お水取り」に見られる「気学」や、環境を整えて福を招く「風水」と同じ構造です。

大和と伊勢の方位で真東の天照さま＝太陽を目指しているということは、国家全体の戦略の位置関係に伊勢神宮を建立したという、明らかな意図がうかがえます。

これはいわば、現実の世界を支配する王さまのシンボルとしての「剣」と、神さまの世界から与えられた力、神さま自体を表すシンボルとしての「太陽」を配した、「日本列島全体の風水」と言えるでしょう。

伊勢を含む日本最古の神社には、古代日本の「方位信仰」が、いまも脈々と流れているのです。

かしまじんぐう
鹿島神宮
あつたじんぐう
熱田神宮

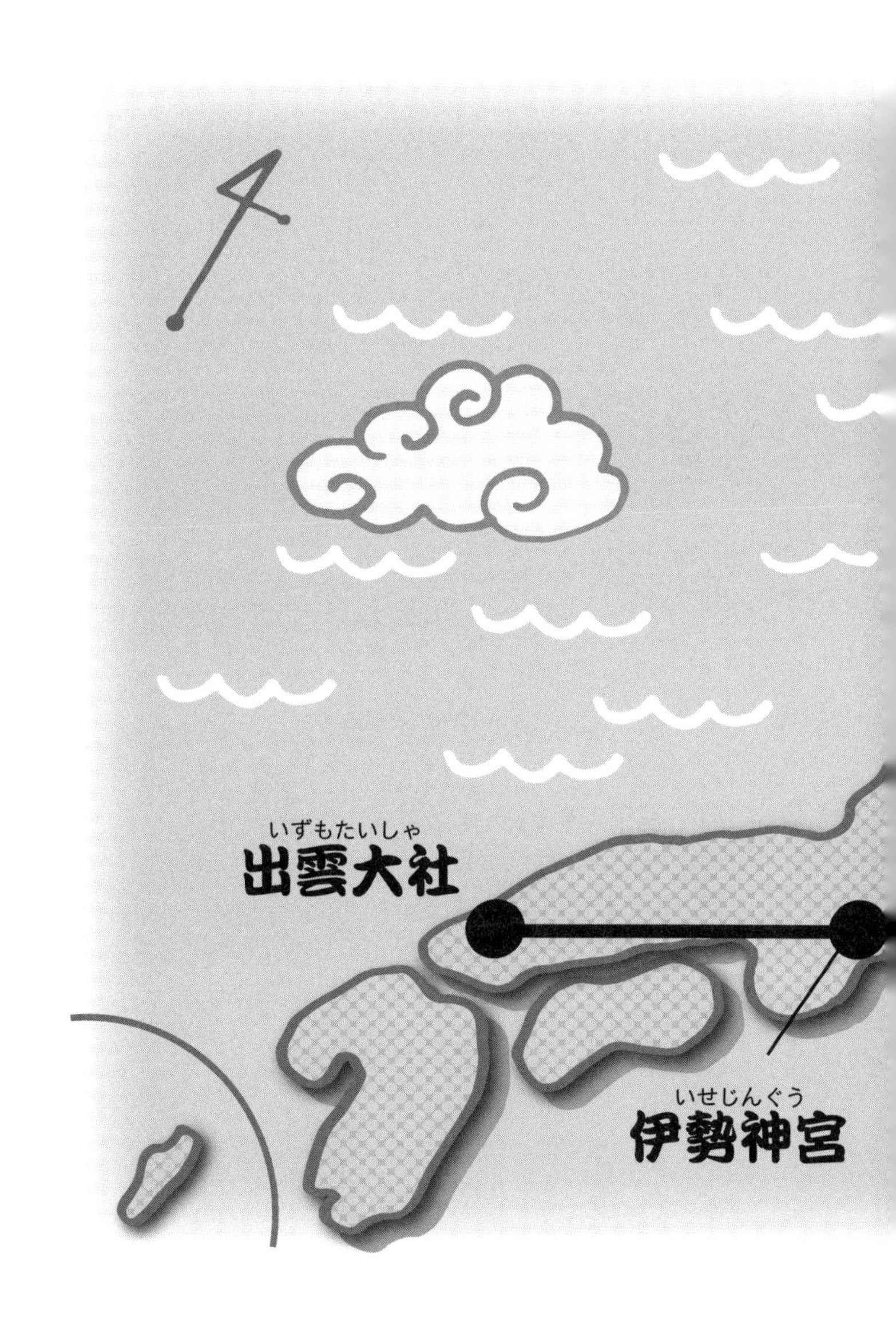
いずもたいしゃ
出雲大社
いせじんぐう
伊勢神宮

伊勢神宮に隠されている「星の信仰」

古代の日本人は、東―中央―西の三極を結ぶ東西の横軸を神聖視していました。

そこへある時、ある思想が結びついて変化が生まれ、平面だった世界に上下の軸が入って「3D立体化」することになります。

そのある思想とは、「陰陽五行思想」です。

これによって「天地」という立体軸を地上に移すと天の方向が北に当たり、さらに「北東ライン」が日本の古代信仰と陰陽五行思想の両方から理論づけられて導き出され、日本の信仰の中で大きな比重を占めていくことになったのです。

陰陽五行思想の概念とは――。

未分化状態で混沌とした宇宙が、最初に「陽気」と「陰気」に分かれた。

光り輝く軽い澄んだ陽気は「天」となった。

重く濁った暗黒の陰気は「地」となった。

陽気の集積が「火」となり、火の精が「太陽」となった。

陰気の集積は「水」となり、水の精は「月」となった。

天上では、日と月の陰陽の組み合わせが「五惑星」を始めとする諸々の星となった。

地上では、火と水の陰陽の組み合わせが「木火土金水」の五元素となった。

まとめて言うと、宇宙が天地に分かれて「陰陽」が生じ、そこから天には太陽と月と五惑星が、地には木火土金水の五行が生じた。

——というものです。

五行とは、万物を形成し、流転させていくエネルギー。

陰陽とは、相反するふたつの気が交感することによって、万物を発生させる元のエネルギー。


この最初の存在を、陰陽五行思想では「一」の数によって象徴し、これが最も重要であると考えています。

それを「太極」と言います。

陰陽五行を含めた万物が生じる、混沌とした宇宙の根元、という意味です。

そして、この太極を神格化させたものが「太一」という存在。

太一は宇宙の絶対神であり、天に輝く「北極星」を表しています。

中国では、天において万物を支配する創造神であり宇宙神である北極星のことを「天皇大帝」（天帝）と呼び、その近くに輝く星を「太子」と呼び、これは皇后もしくは王位を継ぐ子供を表します。また、太子に接する大熊座の主要部分にあたる「北斗七星」が天皇大帝を助ける者であるという見立てをし、この一団を「紫微宮（しびきゅう）」と名付けました。

ではなぜ北斗七星は、北極星の援護者という位置づけをされているのでしょう。

北極星は、動かぬ星。

北斗七星は、そのまわりを一年の周期で巡る星座。

「動かぬ星」と「動く星座」の関係を、中国の人々は「天帝」と「車」、それもただの車ではなく、「天帝が御して宇宙に臨む車」と考えたのです。

時代の流れとともに、陰陽五行思想に基づいた「星の信仰」とも呼ぶべき概念は、古代日本の「方位信仰」と徐々に結びついていきながら、独特な日本の信仰が生まれることになります。

時計のなかった古代日本においても、北極星は動かぬ星、北斗七星は動く星として農業の目安とされ、海を行く者たちは方角の目印としていました。北極星を中心として北斗七星が規則正しく運行するゆえに、それが生活の暦にもなっていました。

また『日本書紀』には、

「北斗七星にはそれぞれ男女神が宿っている。星は七つあるので男女神も七組。男は左へ回り、女は右へ回り、この男女がまた陰陽となっている。太一は、この七組の陰陽神を使って万物を創造させる」

と書いてあります。

そして『古事記』の始まりには、

「天地初めてひらけしとき、高天の原に成れる神の名は、天之御中主神（アメノミナカヌシノカミ）。次に高御産巣日神（タカミムスビノカミ）。次に神産巣日神（カミムスビノカミ）。この三柱の神はみな独神（ヒトリガミ）と成りまして、身を隠したまひき」

とあり、続いて、

「次に国わかくして、浮かべるあぶらの如くして、くらげなす漂えるとき、あしかびのごと萌えあがる物に因りて成りませる神の名は、宇麻志阿斯訶備比古遅神（ウマシアシカビヒコヂノカミ）。次に天常立神（アメノトコタチノカミ）。この二柱の神もみな独神に成りまして、身を隠したまひき。上の件、五柱の神は別天つ神（コトアマツカミ）。次に成りませる神の名は、国常立神（クニノトコタチノカミ）。次に豊雲野神（トヨクモノノカミ）。この二柱の神も、独神に成りまして、身を隠したまひき」

とあります。

ここで名前が出てきた七人の神さまを総称して「神世七代（かみよななよ）」と言い、日本神話において天地開闢（かいびゃく）のときに出現した陽神（男性）と陰神（女性）とされています。

すなわち、初めは抽象的な存在だった神々が、次第に男女に分かれていき、愛を見つけて夫婦となる過程をもって、男女の体や性が整っていくことを表しているわけです。

そして北斗七星には、『古事記』の始まりの七人の神さまの名前がそれぞれつけられているのです。誰がどの星なのかを説明すると、それだけで一冊の本になってしまうので、ここではあえてお話ししませんが……。

そんな共通項や輪廻の思想などが受け皿になり、方位信仰と星の信仰は結びついていったのかもしれません。

星の信仰で概念が大きく動いたのが、伊勢神宮でした。

「天皇大帝」という名を持つ北極星に、天照さまという存在を重ね合わせたのです。

天皇の祖神は、天照さま。

高天原という天界の支配者も、天照さま。

しかも八百万の神様に力を与える素の神です。

北極星と同一神とするのは、天照さましかいらっしゃらなかったのです。

ここで、天皇＝北極星＝天照さまという図式ができあがりました。

そうすると、今度は北斗七星の役割を持つ神さまを見つけなければなりません。

北斗七星は、天に輝く星座。

中国の思想で「天」を象徴する方位は45度の「西北」。易の卦で「乾」。

伊勢の地から真っすぐ西北を見ると、そこには丹波に鎮座する豊受さまがいらっしゃいました。

西北という方位には、

「受けるものを期待せずに与えることを施しと言い、施しは後援・引きたて・援助と言う」

という意味があります。

豊受さまにまつわる「羽衣伝説」は、まさにこれと符合するものでしょう。

それは、老夫婦のために霊酒をつくってお金持ちにしてあげたけれど、最後は追い出されて何ひとつ報いられなかったというお話です。

さらに陰陽五行思想では、西北は「穀物」の象徴であり、北斗七星そのものが「穀物神」でもあって「開陽（第六星）が明らかになれば米、大豆、五穀多し」と言われています。

これもまた羽衣伝説と合致した内容で、丹後にやってきた八人の天女が実は北斗七星の精であり、うち「輔星（ほせい）」（第六星）である豊受さまだけが地上に取り残された囚われの姫だ、というエピソードです。

ですから豊受さまは、北極星が動くための車であり、援護者であり、穀物神であるという三つの本質を持って西北から招かれた、「北斗七星の神さま」なのです。

そして、北極星は内側にいて動かぬ星であり、北斗はその外側にいて動く星であるということから、「内宮」「外宮」と命名されました。

さらに驚くのは、北極星に見立てた伊勢内宮の位置から45度の西北線上に、伊勢と外宮が精確に建立されている、という点でしょう。

北極星は、北斗七星という車に乗らないと動くことができません。ならば動かぬ星として留まっていればよいのですが、北極星は「太一」であると同時に「太極」。太極は、動くことで「陰陽」を生み出し、万物を生み出すもの。

これが、天照さまと豊受さまの関係性です。

つまり、先に「外宮」にいる豊受さまにお参りして北斗七星という車に乗り、「内宮」にいる天照さまという北極星を目指していくわけです。

「外宮」に北斗七星を、「内宮」に北極星を、「星の信仰」として密かに潜ませながら、「方位の力」も使っている――これが伊勢神宮の構造的な秘密であり、運命改善のアイデ

アなのです。

それは、住吉の神さまのお話と似ています。

住吉大社への参拝は、自分が天龍に成長していくための物語でした。

そして「初辰さん詣」は、種貸社（たねかししゃ）でお借りした種子が、太歳社（おおとししゃ）へ至り大きな樹木が大木に育ち、成果となって実る天龍の物語でした。

「大歳」とは、木星のことです。

では木星の天龍が、次に目指すのはどこか。

それが「太一」という北極星なのです。

ですから、住吉大社へ参拝してドラゴンに成長したら、次に参拝すべき場所は必然的に「伊勢神宮」ということになるわけです。

その理由は……第四章に登場する「二見が浦」で明らかになるでしょう。

意外にもお伊勢さんと住吉大社は繋がっていて、物語は続いているのです。

重要な祭事に登場する「太一」

出雲祭り、住吉祭り、「大社」では一年中「お祭」が開催されています。

その中で最も多くの祭事を執り行っているのが、伊勢神宮。

1日のうちに3つ4つの祭は当たりまえ、というほどです。

では、数ある祭事のうち、日本にあるすべての神社、あるいは神道にとって最も重要な祭事とは何でしょうか。

それは、田植えと五穀豊穣のお祭りです。

最近の神社のほとんどは田畑を持っていませんが、「神田」を有している伊勢神宮、住吉大社、香取神宮で開催される田植えの儀式は「日本三大御田植祭」として有名です。

その際、伊勢神宮でなされている儀式の数々には、非常に興味深いものがあります。

伊勢で「皇大神宮別宮伊雑宮御田植神事（こうたいじんぐうべつぐういざわのみやおたうえしんじ）」が行われるのは例年6月24日。

まずは、内宮の別宮で天照さまの荒魂を祀る「伊雑宮（いざわのみや）」に、神田で育った早苗を供えて神事を執り行います。

その後、苗を持って神田に移動してからが、この神事のクライマックスです。

神田西側の畔には、先端に巨大な団扇と扇型がついた長さ9メートルほどの青竹が立てられているのですが、団扇には日月が、そして扇には舟の絵とともに「太一」の文字が描かれているのです。ちなみに、神田まで練り歩く役員がまとっている白い法衣の背中にも「太一」の文字がしっかりと書かれています。

その青竹を神事の役人が持って苗代を三周して早苗をとり、続いて行われる「竹取神事」で青竹は神田の中心で引き倒され、青年たちによって細かく引きちぎられます。

その断片を、参加者たちは「御神符（ごしんぷ）」として持ち帰るのです。

なぜわざわざ細かくちぎるのか。

これは五穀豊穣を願う儀式であり、聖書で言うところの、

「一粒の糧がもし死なば、多くの実を結ぶべし」

という文章と同じような意味が込められているわけです。

そしてもうひとつの重要な大祭が「神嘗祭（かんなめさい）」。

こちらは五穀豊穣の感謝祭です。

その年に田植えをして実った最初の稲の「初穂」から米を収穫し、それを夜中に炊き、日の出と同時にお茶碗によそって天照さまに捧げるのですが、これは新年の祭よりも、天

皇の大嘗祭（だいしょうさい）よりも重要とされています。

しかもこの儀式では、田植えをすること、稲を収穫すること、火打ち石と火縄で火を起こすこと、その火で米を炊くこと、その米をよそうお茶碗を土器でつくること、アワビなどその他のお供物を獲ることまですべて、神主さんのみが行うことになっており、その分担を宮司さんが決めているわけです。

この大祭は、三日間に渡って執り行われます。

最初は「初穂曳（はつほびき）」という外宮のお祭りから始まるのですが、その際に登場する稲穂を積んだ大きな奉曳車（ほうえいしゃ）にも「太一」と書かれた幟が立てられているのです。

これはまさに太一という北極星を、奉曳車という北斗七星が動かしているということを象徴しているとしか思えません。

しかし、それよりもなお意図して行っているな、と思える事実があります。

神嘗祭が行われるのは旧暦9月、現在の10月15〜17日です。

このとき、北斗七星が西北の夜空に最も低く出現し、地平線ギリギリの高さに輝いて、人の世に近づいてくるのです。

最初に外宮のお祭りを行って豊受さまに初穂を捧げ、次に内宮のお祭りを行ってその初穂を天照さまに捧げるという順番になっているのは、北斗七星を経て捧げられた穀物が初

めて太一に届くという意味であり、だからこそ北斗七星が地上低くに現れる、天地が繋がるようなこの時期に、大祭が執り行われるのではないか――。そう思えてならないのです。

さらにもうひとつ。

みなさんもニュースなどでご存知のように、伊勢神宮では二十年に一度、「式年遷宮」を行うしきたりがあります。

まずは遷宮に先立つ祭事が行われるのですが、そのときも「太一」の幟（のぼり）が立てられ、遷宮の用材と奉仕の作所員が被る帽子には「太一」の徽章がつけられています。

そして遷宮の際には、さまざまな神秘的な装束が揃えられます。

その中でも「秘中の秘」として特別扱いされている文様の装束が「屋形文錦の御被」（やかたもんのにしきのみふすま）と「刺車文錦」（さしぐるまもんのにしき）です。

前者は内宮で使われる装束で、文字どおり「屋形」が図案化されています。

しかしこれが、どう見ても中国風の家屋なのです。

ということは、この家屋が「太一」の居所であり、それが中国であるということを示唆しているのではないでしょうか。

そして後者は外宮で使われる装束で、その図案はずばり「車」です。

こちらは、「太一」を運ぶ「北斗七星」を意味しているとしか思えません。

このふたつの文様が「秘中の秘」になっているということは、やはり内宮には北極星が、外宮には北斗七星が隠されているわけです。

伊勢神宮の神さまの背景には、宇宙を中心から考えて動かない北極星＝「内宮」と、そのサポートをするように回りを巡っていく北斗七星＝「外宮」の天空に輝く星への願いがあるのです。

「真名井の水」に隠されている神

北斗七星のお話からもわかるように、外宮は内宮よりも後に建立されています。

それまでの間、内宮は数回に渡って遷宮を繰り返し、現在の地に来てからは数百年間移動していません。

全国の数か所に「元伊勢」という名の神社や場所があるのは、かつてはそこに内宮があったからです。ちなみに三重県の前は、京都の天橋立近くにある「元伊勢籠神社（もといせこのじんじゃ）」に鎮座されていました。

ではなぜ、そのような遷宮を繰り返してきたのか。

理由は「水」にあります。

前述したように、神道で最も重要な祭事は御田植神事と五穀豊穣の収穫祭です。

伊勢神宮のように神田を所有している場合、このふたつの祭事を滞りなく執り行うためには、毎年春には青々とした早苗を植え、それがすくすくと育ち、秋には黄金の稲穂を実らせ、その初穂を刈って煮炊きをし、天照さまに捧げなければなりません。

つまり、水田の「水」を枯らすことはできないわけです。

しかもそれは、特別な水。名前を「真名井（まない）の水」と言います。

神々が天孫降臨されたとき、地上の水は未だ純粋なものではなかったため、後に井戸の神さまとなる天牟羅雲命（アメノムラクモノミコトさま）に天照さまが授けたという「天忍石之長井之水」（あめのおしはのながいのみず）。それが、真名井の水だと言われています。

つまり、この高天原の清水である真名井の水こそが、正真正銘の「ご神水」であるということです。

伊勢神宮は常に、この真名井の水と必ずセットになっていて、この水を湛える井戸から重要な祭事である田植えに必要な水量を採水できなくなった時点で遷宮をする――。逆に言えば、真名井の水を求めての遷宮であり、稲穂を神田でつくることのできる場所を求めて遷宮を繰り返してきたわけです。

真名井の水に満たされた神田の早苗は太陽の光を受けて大きく育ち、秋には黄金色の稲穂に成長する――。これは「水」と「太陽」という対概念によって「五穀豊穣」のご利益がいただけるという、いわば「稲作信仰」とも言えます。

太陽の光は、いわずとしれた天照さま。育ててくれるエネルギーの元です。

真名井の水が満ちた水田で育った稲穂は、豊受さま。エネルギーを受ける器と成果です。

ということは、豊受さまもまた「水」と縁の深い神さま、つまり「水神」としての役割も担っているということになります。

「豊受」という名前は「豊かに受けている水田の水」のことであり、そこに太陽が燦燦と「天照す」ことで「稲穂ができますよ」というアイデアが「内宮」と「外宮」になっているわけです。

水が湧き、田んぼが作られ、稲ができる。それを豊かに受け取ることができるのが五穀豊穣という実りであり、現世利益の「お金」と「お米」。これが外宮の豊受さま。

稲が不作にならぬよう地上を照らしてくれる太陽の恵み。これが内宮の天照さま。

この構造から見えてくるのは、表立っては出てこないが「稲穂の神」＝稲荷大神と、「真名井の水の神」＝水神が確実に存在していて、その正体はどちらも豊受さまである、ということでしょう。

「伊勢外宮神前祝詞」の中で豊受さまの「本名」が明かされている理由も、外宮の中に「真名井の水」を祀る神社がある理由も、これで解き明かされるのではないでしょうか。

ちなみに真名井の水は、お祓いやお清めの際に使う水でもあります。

例えば、お祓い用の御札や梵字を書く場合、本来は真名井の水を使わなければなりません。

つまり神社やお寺にとって、真名井の水はキリスト教で言うところの「聖水」であり、エクソシスト用の水であるわけです。

真名井の水が湧いている場所は、伊勢だけではありません。

全国各地に「真名井神社」や「真名井の井戸」「真名井の滝」が点在しているのが、その証拠です。

そして私のような立場の人間からすれば、その名称は「暗号」のようなもので、例えば旅先や出張先でお祓いをしなければならなくなった際、近くに「真名井」という名の神社や井戸や滝があれば、その水でエクソシストができますよ、という目安になるわけです。

みなさんも旅先などで「真名井」と書かれた立て札を見つけたら、少しだけいただいて帰るとよいと思います。飲めるものなら飲み、そうでないものならお風呂に入れるなどして活用すれば、自宅で「禊祓（みそぎはらい）」をすることができます。

真名井の水の「大元」はどこかと言えば、正確なことはよくわかりません。しかし有名な場所として知られているのは、宗像大社中津宮、元伊勢籠神社などでしょう。

また、真名井の水とは書かれていないが同じような効果があるとされているのは貴船神社の水です。世界的に見れば、フランスの「ルルドの泉」も、真名井の水と言えるでしょう。

伊勢神宮には存在しない「5つ」のものから見えてくること

最後の謎解きは、伊勢神宮の境内にまつわることです。

それは、他の神社にはあるけれど伊勢神宮にはない「5つのもの」から見えてきます。

①注連縄（しめなわ）

注連縄とは、境内というご神域を守るためのもの。

通常の神社では、鳥居の外は「汚れた世界」であり、注連縄で守られた境内は「穢れのない世界」と見立てられています。

しかし、伊勢神宮には注連縄がありません。

それは、「結界を張っていない」ということを意味しています。

伊勢神宮は、日本国土の守護神です。にもかかわらず注連縄をして「ここだけはキレイです」とやってしまったら、日本国民すべてが「穢れ」になってしまい、話の構造がおかしくなってしまいます。

注連縄がないというこの一点の事実だけで、伊勢神宮が神道の頂点であることが暗示されているのです。

つまり伊勢神宮の存在そのものが、

「日本国全土とすべての日本人には穢れなどありません。とてもキレイですよ」

という宣言をしているのと同じ意味を持っているわけです。

そうは言っても昭和30年代くらいまでは、内宮に通じる橋はかけられておらず、人々はみな五十鈴川（いすずがわ）に入っていかなければなりませんでした。

ということは、明らかに「禊祓」を要求されていたわけです。

そうすると、先ほどのお話と矛盾が出てきてしまいます。

そこで浮上するのが、

「伊勢神宮は、欲を穢れとして持ち込んではいけない場所」

という考え方です。

それは、

「頼みごとをしてはいけない場所に入る」

ことを意味しています。

つまり伊勢神宮への参拝は本来、「ご利益をもらいに行く」ことが目的であってはなら

ない、ということなのです。

②狛犬

境内に悪いものが入って来ないように見張っているのが狛犬の役割。

しかしそもそも、外宮内宮には「穢れ」や「魔」は持ち込めないシステムになっているので、犬で威嚇する必要などありません。

③鈴

神殿前の鈴は、神さまを呼び出すための道具です。

伊勢神宮自体が神さまそのものなので、鈴は設置されていません。

④おみくじ

伊勢神宮に参拝した時点であなたの願いはすべて叶えられていて、迷ったり困ったりすることはないので神さまのご託宣は不要です。

伊勢神宮の中にいて、「吉」ではない状況などあり得ません。

ですから、おみくじなど存在しないのです。

⑤お賽銭箱

正宮前には布が敷いてあるだけです。

伊勢神宮には頼みごとをするために行くわけではありません。

ですから願いごとを叶えてもらうためにこちらがお賽銭を支払う必要はありません。

神さまはすべてお見通しで、なおかつ既に叶えてくださっているのです。


さあ、５つの「ないもの」から見えてきたことは何でしょうか。

伊勢の神さまによって穢れが祓われている日本という「世界」は、とてもよいところ。

伊勢の神さまによって穢れが祓われている「我」は、とてもよい人間。

住んでいる世界がよいところで、住んでいる私がよい人間なのだから、悩みごとや困ることなど何もない。

この素晴らしい幸せは、伊勢の神さまの賜物。

ならば感謝の気持ちをお伝えしに行かなければならないでしょう。

一生に一度は「お伊勢参り」と申します。

「お蔭さまで、ありがとうございます。神恩感謝」

これが本当の「お伊勢参り」なのです。

こうした構造を理解した上で参拝しなければ意味がありません。

伊勢神宮は、観光スポットではないのですから。

天照さまなら「陰」でも「陽」でも引き寄せができる

「何とかしてほしいと頼んではいけない」

「幸せな人生を送っている人が感謝を伝えるために参拝する」

それが注連縄もない、狛犬もない、鈴もない、おみくじもない、お賽銭箱もない伊勢神宮という場所。

とはいえ、現実には何もかもうまくいっていなくて困っている人もたくさんいるわけですし、この本の冒頭では、

「人生どん底の人こそ、伊勢に行きなさい」

と、お話しししています。

絶望の淵にいる人が、伊勢に参拝して何ができるのか。

ひとつだけ、許されていることがあります。

それが「明るく願うこと」なのです。

人生どん底で悩んでいる人間が、「天照さまから応援されるキャラクターを演じる」ことで、「引き寄せの法則」を発動させるというのが今回の戦略です。

その演じ方には、実は二通りあるのです。

ひとつは、第一章でお話しした「か弱い女子系」になって神恩感謝を伝えること。

もうひとつは、「人生の成功者」のふりを演じて神恩感謝を伝えること。

エネルギーの方向性には「陰」と「陽」の二方向があります。

神道系はどちらかというと「陰」。イメージは「水」を使います。

仏教系は「陽」。イメージは「太陽」を使います。

そう、「太陽」と「水」です。

「か弱い女子系」のほうは「水」＝「陰（凹）」のエネルギーを使う引き寄せの技です。

本当は神さまに感謝できれば最高ですが、感謝できずとも呪ったり恨んだり妬んだりせずに、か細くひ弱な感じのキャラクターを演じればうまくいきます。

もうひとつの「人生の成功者」のほうは「太陽」＝「陽（凸）」のエネルギーを使う引き寄せの技です。

「あれ？　陽のエネルギーって願望実現系じゃなかったっけ？」

と思われた方もいるでしょう。

しかし、既に願いが叶ったことを楽しんで明るく笑っている人たちは天照さまにお礼参りへ行くわけですから、同じように陽（凸）のエネルギーを使えば「陽（凸）」の「引き寄せ」が可能になるのです。これはいわば願望実現系に近い感覚で、「うまくいっている」（成功者のふりをする）とイメージした上で、それを天照さまに伝えれば、神さまの力をお借りしてポジティブ情報の引き寄せが起きる、というものです。

ところがほとんどの人は、うまくいっていない時に「うまくいっている」というイメージは描けない。だから引き寄せられないのです。

ならば「頑張るぞ！」となれば、それはすっかり丸々「陽」になってしまいます。

ですから、「成功者のふりをする」というのは「陰（凹）」の中の「陽（凸）」、とも言える技なのです。

「陽」の引き寄せは「太陽の祈り」

天照さまの引き寄せの中にも、「陰」の技と「陽」の技があります。

「太陽」としての天照さまの引き寄せを発動させたいときは、

「お蔭さまでそうなりました。ありがとうございます」

というように、いわゆる「できる人」を演じてもよいし、うまくいっていないのに「成功者」を演じてお礼参りに行くことができれば、それで引き寄せの技が発動するのです。

本来これは「願望実現系」の方法なのに、天照さまの「笑い」と「明るさ」で「陽」の引き寄せができてしまう——というのがすごいところ。

つまり「陽」の引き寄せこそ、伊勢神宮で晴れ晴れと実践していただきたいのです。


世の中の「陽」の技のほとんどは頑張り系や超能力系ですが、天照さまの「陽」の引き寄せはというと、カラッと笑って、

「ありがとうございました！」

とお伝えすれば終了します。

回数は1回で十分です。何度も繰り返せば、それは呪いになりかねません。

そして最も重要なのは「小さな成功」を願うべからず、という点です。

ほとんどの人は、手が届くと思える小さな成功を一歩、また一歩と積んでいこうとします。

しかしそれでは、永久に望んだゴールまでたどり着くことはできません。

天照さまの前では、最高最善のものを願い、その上ですぐに感謝すること。

なぜならあなたは既に「できる人」であり「成功者」だからです。

「陰」の引き寄せは「水の祈り」

「水」としての天照さまの引き寄せは、

「お金が……お金が……お願いします、神恩感謝」

「彼が……彼が……結婚が……お願いします、神恩感謝」

という感じで状況説明をしないで、すべてを言わないようにすることがポイントです。

「私は○○で困っています」

は伝えても大丈夫。

「お願いします」

と言うのも大丈夫。

「何とかしてください」

はダメ。

「どうして私が……」

は、もう呪いと化しているので絶対ダメ。

しかし、たとえ心の中で思っていても、口に出さなければギリギリセーフ。

願ってもよいけれど、頼んではいけないのです。

ご神域に入ったときには他言無用を守り、静かに黙ってお参りすればよいだけです。

「この神社の神さまのご開運と幸せを代わりに祈らせていただきます。神恩感謝」

「世間ではいろいろあって、私はお金が……。しかしながらこちらのご祭神さまにつきましては、ますますのご発展を御祈願いたします」

神さまにとっては最高の言葉です。何と健気な人なのだろうと、引き寄せを即発動してくれるでしょう。


頼むからダメなのです。願う、祈るのです。

「頼む」と「願う」は違うものだと理解してください。


祈り方は、今までの中で最もシンプルになるでしょう。

「○○で困っています。神さま、ありがとうございました」

これだけで大丈夫。

つまり、頼んでいないのです。

「何とかしてください」を言わなければよいだけの話です。

「困っています、神恩感謝」「お願いします、神恩感謝」と言えば引き寄せられるわけです。

困っていることをどう解決すればよいか積極的に考えられるなら、それはもうおじさん。

「泣いちゃうわ……」と途方に暮れている、静かで陰気なお嬢さまでよいのです。

お嬢さまは純朴なので、呪ったり恨んだりもしません。

世間知らずのお嬢さまが衣食住のすべてに困って泣いていたら、世の大抵のオジサンは、

「お金がないのか？　オジサンが出してあげよう」

「食べるものがないのか？　オジサンがご馳走してあげよう」

「住むところもないのか？　オジサンが買ってあげよう」

と、なってしまうものです。これが本当の「困った時の神頼み」。

困っていないのなら、伊勢の神さままでなくても助けてくださいます。

伊勢の構造と祈り方。しっかり心に留めましたね？

ではいよいよ次章から、陰陽の「引き寄せの法則」を発動させるべく、紙上「お伊勢参り」に出発しましょう。

第四章

五柱の神さまと出会う旅

正しい「お伊勢参り」ガイド

古来のルートを巡る参拝

さぁいよいよ、紙上「お伊勢参り」の始まりです。

ここでは、古来より伝わる「祓い」のルートをご紹介します。

かつては、二見が浦の岩場で海水に頭まで浸かるというのがお伊勢さんの始まりでした。

前述したように、昭和30年までは内宮の五十鈴川に現在のような橋がかけられていなかったため、天皇家も含めて川を渡り、それを「禊祓（みそぎはらい）」としていたのですが、本来のスタートは二見が浦での禊祓であり、そこから濡れたまま歩いて猿田彦神社へ詣で、その後に外宮、内宮を参拝するという、わりと過酷で長い旅が「お伊勢参り」だったのです。

そしてこの本ではさらにもう一か所、「月讀宮（つきよみのみや）」も参拝ルートに加えてあります。

こちらは最後に訪れるべき場所なのですが、なぜ最後に月読さまのもとへ行かなければならないのかということも、ルートを辿っていくうちに解き明かされていくでしょう。

各神社のマップとともに、絶対に外せないポイントなども写真で紹介していますので、

「お金がないから伊勢まで行けません」

「仕事が忙しくて参拝する時間がありません」といった事情を抱えている人でも、紙上で「お伊勢参り」を疑似体験し、明るい人生を歩んでいけるような仕掛けを施してあります。

しかしできることならば、一度はこのルートで「お伊勢参り」をしていただきたいものです。

そしてその際は、「正装」でお出かけいただくことをおすすめします。

本来は、正宮で正式参拝を受ける場合のみでよいのですが、お伊勢参りは観光ではありませんし、日本で最高の神さまにお目通りするわけですし、感謝を捧げて「お蔭さま」をいただくことでよりよい人生が開けていくのですから、それくらいの礼儀礼節は守ってほしいのです。

男性ならスーツとネクタイ着用。女性も和服とまでは言いませんがそれなりの服装で。普段はTシャツとジーンズで過ごしている私でさえ、きちんと着替えて行きます。

多少遠回りになるルートですが面倒がらず、二見が浦→猿田彦神社→外宮→内宮→月讀宮の順番でお伊勢参りをしてください。

それではさっそく出発しましょう。

二見興玉神社
夫婦岩
二見浦
近鉄鳥羽線
鳥羽市

宮川
伊勢市
JR参宮線
伊勢市
伊勢神宮
(外宮)
月讀宮
猿田彦神社
伊勢神宮
(内宮)

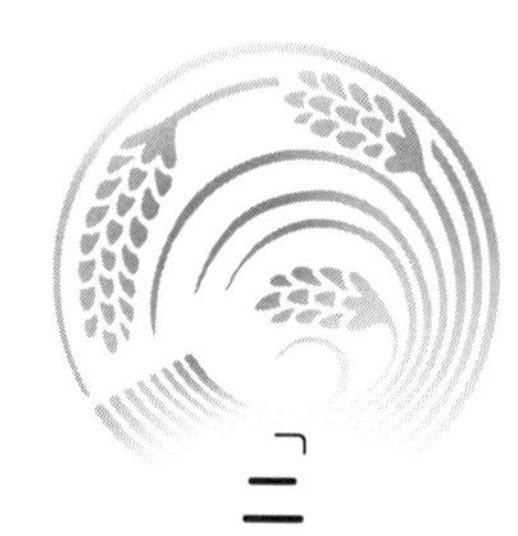

「二見が浦」

ここは、最初に必ず訪れなければならない場所。

なぜなら、伊勢という世界の構造は「二見が浦」から始まるからです。

二見が浦には、いわずと知れた夫婦岩、そして二見興玉神社、龍宮社があります。

まずは駐車場の横手にある鳥居正面から入り、お手水を済ませ、そこにドーンと座っている蛙さんをチラッと見ておきましょう。

小さな橋を渡ったら、次に「二見興玉神社」へ参拝します。

この神社のご祭神は「猿田彦大神」と「宇迦御魂大神」（ウガノミタマノオオカミさま）です。

ウガノミタマノオオカミさまとは、食べ物から抽出したエネルギー体の名前です。

「いただきます」と食物を食べて、幸せいっぱい、お腹いっぱいになったときに、命の糧となって増えたエネルギー。それが「お稲荷さん」の本当の正体であり、豊受さまでもあるわけです。

そしてここに猿田彦さまが祀られている理由は、夫婦岩の沖合い７００メートルの海底に「興玉神石（おきたましんせき）」という猿田彦さま所縁の霊石が沈んでいるからであり、そこは天孫降臨の際、道案内役を務めるために猿田彦さまが現れた場所とされています。

境内の中にいる蛙さんたちは猿田彦さまのお使いで、神社参拝後に神徳を受けた人々が献納しているもの。「無事に帰る」「貸した物が返る」「お金が返る」と「蛙」をかけた験担ぎのようなものです。

夫婦岩はこの興玉神石と、岩の間から姿を現す太陽＝天照さまを拝むための「鳥居」の役割を果たしています。

特に夏至の日は、一年にたった一度だけ夫婦岩のちょうど真ん中を朝陽が昇ってくるため、盛大なお祭りが開催されることで有名です。

先ほどお手水の場所にいた蛙さんの目線の先を見ると夫婦岩があり、夏至の日に朝陽が昇ってくるポイントを目にすることができるので、手を合わせておきましょう。天照さまのピークは「夏至の日の出」ですから、その日に行けなくとも同じ場所に視点を合わせることで太陽の恵みを受けることができます。

二見が浦に夫婦岩があり、そのふたつの岩を結ぶ注連縄に五つのフサが付いていることにも、実は深い意味があります。

夫婦とは男と女という「陰陽」であり、五つのフサを「五行」と捉えれば、それは「陰陽五行」を表しています。

その夫婦岩の間から昇り来る夏至の日の太陽は、天照さまです。

天照さまがいらっしゃるということは、そこが「高天原」であると考えることができます。

そして、太陽が昇り来る海の遥か彼方には、常世の世界が広がっています。

常世とは、海の向こうにある異界のことです。天には高天原が、地下には死者のいる黄泉の国があるという世界観とは別に、海の彼方にも神や死者の世界があるという世界観があるのです。

つまり二見が浦は、高天原と常世という神さまの住む世界であり、そこに私たち人間が参拝しているということは、

「高天原と人間界が繋がっている」

という意味をなしていることになります。

海に浮かぶ夫婦岩は、天照さまと人間の繋がりの象徴なのかもしれません。

伊勢の神さまと繋がる「始まりのご縁」をしっかりといただきましょう。

二見が浦　夫婦岩

さて、二見が浦での参拝は、ここからが本番です。

夫婦岩から東参道を100メートルほど進んだ場所にある「龍宮社」。

正面から入ると「奥宮」のようになっているので見逃す場合もあるのですが、二見が浦の「肝」はこの龍宮社にあるのです。

祀られているのは、「大綿津見大神」さま。

『「住吉の神さま」にまかせなさい』を読んだ方は、もうピンと来ていますよね。

オオワタツミノオオカミさまとは、イザナギさまとイザナミさまから生まれた日本初の海神で、「海幸彦・山幸彦」の神話に登場する海宮の竜王「豊玉彦命」(トヨタマヒコノミコト)であり、住吉大社の境内にある「大海神社」のご祭神。

つまり、ドラゴン中のドラゴンである「龍王」なのです。

境内を見渡せば、狛犬さんも蛙さんも龍の玉らしきものをくわえていますし、狛龍さんまでいらっしゃいます。

すなわち、ここは「龍宮城」。

龍宮城のお姫さまと言えば「乙姫さま」。

「乙」の文字が表しているのも「龍」。

龍のお姫さまと言えば「龍女」。

そう、ここは住吉大社にも祀られていた「天龍」と出会う場所なのです。


出雲から住吉へ繋がっていたドラゴンが、この二見が浦でようやく出現します。

そもそも二見が浦は、外宮と内宮に持ち込んではならない「穢れ」を祓うための場所ですが、龍宮社の前で「龍女祓災秘咒（りゅうじょばっさいひじょ）」（自著『「住吉の神さま」にまかせない』参照）を唱えることで「すべての不幸や穢れ」が消えるという、完全な「禊祓」ができるわけです。

またこの「龍女祓災秘咒」は、龍女さんを呼び出すことのできる祝詞であり、本当のドラゴンに出会うための超強力なマントラでもあります。

最高です。

あなたが完全にキレイになって、ここからまたドラゴンクエストの旅が始まります。


ところで、二見興玉神社には別名で豊受さまが祀られていました。

豊受さまは、苗を黄金の稲穂に育てる水神であり、北斗七星です。

そしてここで出会う住吉大社の天龍もまた水神であり、空を翔ける天龍であり、北斗七星そのものでもあるのです。

中国には、天の四方を司る霊獣「四神」（青龍・白虎・朱雀・玄武）の神話があります。

四神の中で、東の方を守護しているのは「青龍」。大地に恵みの雨をもたらして農作物を豊かに実らせる力を持ち、五行では「木」の性質であることから「木星」とも結びついています。

この概念は戦国時代、龍や虎が「北斗」「星宿」という中国天文学における天空上の星座と結びついて生まれました。

つまり「ロン」という天龍を生み出した中国では、古来より龍＝北斗七星であると考えられていたわけで、だからこそ天龍は北極星を目指すのです。

すると豊受さまもまた、北斗七星であると同時に天空のドラゴンであると言えます。そして住吉大社の天龍は、豊受さまというドラゴンに繋いでくれる「ドラゴンの神さま」の役割を果たしているわけです。

龍と北斗七星。その姿かたちもよく似ています。

もしかすると、最初の発想はそんなところにあったのかもしれませんね。

最初に二見が浦で「龍宮社」に参拝し、「龍女祓災秘咒」を唱え、住吉大社の天龍に出会うことがいかに重要なポイントであるか、これでおわかりいただけたかと思います。

住吉大社の天龍の力を借りて、豊受さまというドラゴンにお目通りすれば、とてもステキなことが起こるでしょう。

第三章でお話しした「真名井の水」も、実はドラゴンと繋がっています。

そもそも、真名井の水というアイデアは、北斗の「斗」が意味する柄のついた「柄杓」からこぼれた「天の真名井の水」ということが元になっています。

神水の名所には必ず龍神が祀られていたり、滝をドラゴンに例えたりするのは、こうしたところに根拠があるわけです。

つまり真名井の水もまた、北斗七星、天龍、豊受さまと密接な関係にあり、これらすべてが住吉大社から繋がっているドラゴンの物語ということです。

そして、こうした仕掛けの全体が二見が浦という「神さま」になっていて、第二章でピザの注文方法に例えた伊勢の神さまの分担の中では「注文するために必要なスマホを用意してくれる」役割を担っている「隠れキャラ」なのです。

ちなみに二見が浦に観光バスや車で訪れる場合、どの駐車場に停めたかによって龍神や蛙さんにお会いすることができないことがあります。

すべてを網羅するためには、道路を右、海を左に見ながら正面鳥居をくぐり、お手水をして蛙さんに出会い、そこから夫婦岩に手を合わせてから橋を渡って二見興玉神社に参拝し、拝殿の右横を抜けて龍宮社に行く、というルートをおすすめします。

「猿田彦神社」

次に向かうのは、猿田彦さまとアメノウズメさまがいらっしゃる猿田彦神社です。

古神道には、人の心は天と繋がる直霊（一霊）と、四つの魂（荒魂（あらみたま）・和魂（にぎみたま）・幸魂（さきみたま）・奇魂（くしみたま））から成り立つという概念があります。荒魂は「活動」、和魂は「調和」、幸魂は「幸福」、奇魂は「霊感」を担っており、これを総称して「一霊四魂」と言うのですが、そのすべてをキレイにしてくれるのが、ヒーリング能力とお祓いの能力、そして占いの能力にも長けた猿田彦さまなのです。


神社の正式参拝でご祈祷を受けると、最初に、

「祓いの言葉を奏上します。頭を下げてください」

と言われた後に祝詞が唱えられます。

次に、

「○○県の○○さんが○○を頼んでいます」

という個別のご祈祷が始まり、ここでまた祓いの言葉が奏上されます。

猿田彦神社

つまり2回、祓いを行うわけです。

1回目は、「我」の浄化。

2回目は「世界」の浄化。出来事についてのお浄めです。

ヒーリングとは「自分自身」をキレイにすることであり、お祓いとは自分を取り巻く「世界」をキレイにすることです。

猿田彦さまは「我」という内側と、「世界」という外側の両方をヒーリングとお祓いの能力で完璧にキレイにしてくださいます。

通常、神道の祓いというのは「祓戸の大神（はらえどのおおかみ）」という言葉に象徴されるように「水」のニュアンスであり、静かに「陰」にこもって洗い清められるという感じですが、猿田彦さまの場合は完全なるアクティブモード。仏教で言えば不動明王のような「陽」のお祓い。積極的な超最強バージョンですべての穢れを祓ってくださるので、中には内宮、外宮はさておき猿田彦神社だけの参拝者もいるほどです。

要は、それほど価値のある神さまである、ということなのです。

しかし猿田彦さまの素晴らしさは、それだけではありません。

それは猿田彦さまの持つ別名「道開大神」としての、

「八方位祓い」

の力です。

ここで猿田彦さまの神話を思い出してみてください。

道に迷って立ち往生していたニニギノミコトさまの行くべき道を照らし、案内してくれたというエピソードを。

すなわち猿田彦さまは天上界と下界を繋ぐべく、あらゆる妨害を取り除いて道を開き、そのエネルギーを自分のものとして使えるように八方位に広がるすべての場所＝「世界の祓い」を行い、いまいる場所にも、そしてこれから向かう先にも、神さまが降りてきても穢れに触れぬように整えてくださる「降神の術」の使い手である、ということです。

そしてこのとき、この世に神さまを呼んできてくださるのがアメノウズメさまの役割となっています。それは天孫降臨の際、アメノウズメさまがニニギノミコトさまのお伴として葦原中国へいらしたお話でおわかりかと思います。

これを人間界にあてはめると、どうなるか。

八方位にはそれぞれ「運気」というものが宿っています。

例えば北なら「健康運」、西なら「金運」など、風水や九星気学などで、みなさんもよく目にしているのではないでしょうか。他にも恋愛運、仕事運、出世運などさまざまあります。

ここから推測されることは、

「現世のご利益は八方位のエネルギーに過ぎない」

ということです。

ですから八方位祓いを行えば現在も未来も浄化される上に、ひとつひとつ口に出して言わなくともすべての願望を引き寄せて実現することができる――猿田彦さまは、そんな引き寄せの守護神であり、主祭神でもあるわけです。

困ったり悩んだりしている状態は、いわば「陰」のエネルギーを発しているということで、そのままにしていれば、やがて恨み、妬み、呪いへと変わってしまうかもしれません。しかし猿田彦さまは、困ったり悩んだりしているあなたのままでも受け入れてくれるだけでなく、どんな不幸を持ち込んでもすべてキレイに祓い、道を開いてくださる「陽」の神さまです。その「陽」の力で「陰」を消してしまいます。

だからこそ、二見が浦で禊祓をした後に、猿田彦神社へ参拝すべきなのです。

すると、少々呪いが残っていても、イヤなことを思い出して涙がにじんでしまっても、また天照さまの神前で「か弱い女子」を演じられなかったとしても、猿田彦さまが、

「あなたの思いはきちんと伝えてあります。大丈夫ですからね。ではどうぞ」

という広い心で、あなたの粗相をさりげなく浄化してくださいます。

アメノウズメさまが神さまをこの世に降ろし、猿田彦さまは道を開き、八方位を祓う――これは明らかに、古代日本から続いている「方位信仰」であり、陰陽五行思想から派生した運命改善の「気学」であり、日本列島全体の風水にあてはまります。

ですから、

「困った時には猿田彦神社の八方位祓いをするとよいですよ」

ということで、鳥居をくぐってすぐの場所に、八角形の石柱でつくられた大きな羅針盤が設置されているのです。

この石に「古殿地（こでんち）」と書かれているのは、昭和11年までこの場所にご神殿があったためです。小銭を置いたり撫でたりする必要はありませんが、こうしたことを踏まえた上で本殿に参拝しましょう。

ちなみに猿田彦神社の大鳥居、本殿の屋根の鰹木（かつおぎ）、灯篭の柱、手水舎の柱、欄干などはすべて八角形に象（かたど）られており、徹底した「道開の方位」が示されています。

本殿参拝が終わったら、忘れずにアメノウズメさまが祀られている「佐瑠女（さるめ）（猿女）神社」にも参拝しましょう。ちなみに、猿田彦さまの本殿参拝の前にこちらへお参りしても構いません。

一般的には、踊りの名手ということで芸能全般にご利益があるとされていますが、前述のエピソードから「縁結び」にも力を貸してくださる神さまでもあるわけです。

猿田彦さまとアメノウズメさまは、ともに暗闇に落ちた天照さまを救うお役目をした神さま。そして猿田彦さまは八方位の妨害波動を浄めて願望を引き寄せ、アメノウズメさまが願望との縁を繋いでくださる――しかも対となって「陰陽」を象徴しているという、超強力な夫婦神。素通りなど決してできない神社です。


そして猿田彦神社にはもうひとつ、知る人ぞ知る「秘密の通路」というものがあります。

本殿に向かって右側にある、細い通路がそこ。

黙ってただ通り抜けるだけで、すべての穢れが浄化されてしまうのです。

その威力は、占い師や霊能者もお忍びで来ているほどのもので、邪気やら動物霊やらといったおかしなものが憑いている人からそれらを強制的に取り除き、更生施設へ送って正しい教育を施し、まっとうな霊にして生還させるという、穢れ祓いの最強バージョンとも言える場所です。相当お困りの方も、またそうでない人も一度だけ、この通路を無言で歩いておくとよいでしょう。

通路を抜けると、そこには神田が広がっています。伊勢の恵みを感じながらゆっくりと眺めつつ左へ左へと進めば、本殿を一周して正面に戻ることができます。

佐瑠女神社

羅針盤（古殿地）

また、社務所へ立ち寄って、猿田彦神社でおすすめの「御敷地之砂」「御富岐玉」「五十鈴」の三つのアイテムをゲットしていただければ完璧です。

「御敷地之砂」は、土地や建物を猿田彦神社の敷地の如く清らかにするお砂。東北の隅から右回りで四隅に撒く、また集合住宅の場合はベランダや玄関など外界と繋がる場所や人の出入りのある場所に撒く、とされています。

「御富岐玉」とは四色の玉で、ひと部屋の四隅の天井から黄色―西北、青色―東北、赤色―東南、白色―西南と吊り下げれば方位除けの「結界」の役目を果たしてくれます。

「五十鈴」は、鳴らすとカラカラという軽く静かな音で浄める使用期限のないお祓いグッズで、果物のオレンジほどの大きさがあります。外出前や帰宅時に鳴らせば、それだけでお祓いができますし、神さまも降りてきてくださいます。また地鎮祭のときに、土地の中央に埋めることで永久に浄化されるという働きもしてくれます。ただし、社務所に並べられていない場合や、生産そのものが制限されている場合もあるのでご了承ください。

これらはすべて、猿田彦さまの「祓い」の力をいつでもどこでもお借りできるもの。

お伊勢参りから戻って、再び陰のエネルギーを深めないためにも、ぜひ身近に置いていただきたいものです。

「豊受大神宮」（外宮）

「我」と「世界」の祓いが終了したら、外宮参拝へ向かいます。

外宮の主祭神である豊受さまは、五穀豊穣と衣食住の神さまです。

そしてここで唱える祝詞には「稲荷大神」という本名が記載されています。

つまり豊受さまのいらっしゃる外宮は、全国の「お稲荷さんの総本山」であり、同時に真名井の水の源泉と勾玉池（まがたまいけ）があることから「水神さまの総本山」とも言える場所です。

そして五行で言うならば「風」と「土」。

伊勢に吹く神風と大地によって、現世をつくっているのです。

表参道を通ってお手水を済ませ、鳥居をくぐったら、左側通行で境内を進んでいきましょう。

勾玉池の水面を眺めながら参道を歩き、ぱっと見にはわかりにくいけれど亀の形をしている「亀石」に乗って背中を踏み、左側にある「風宮（かぜのみや）」へ最初に参拝します。

なぜ、亀さんの隣に風神さまが祀られている「風宮」があるのか――。

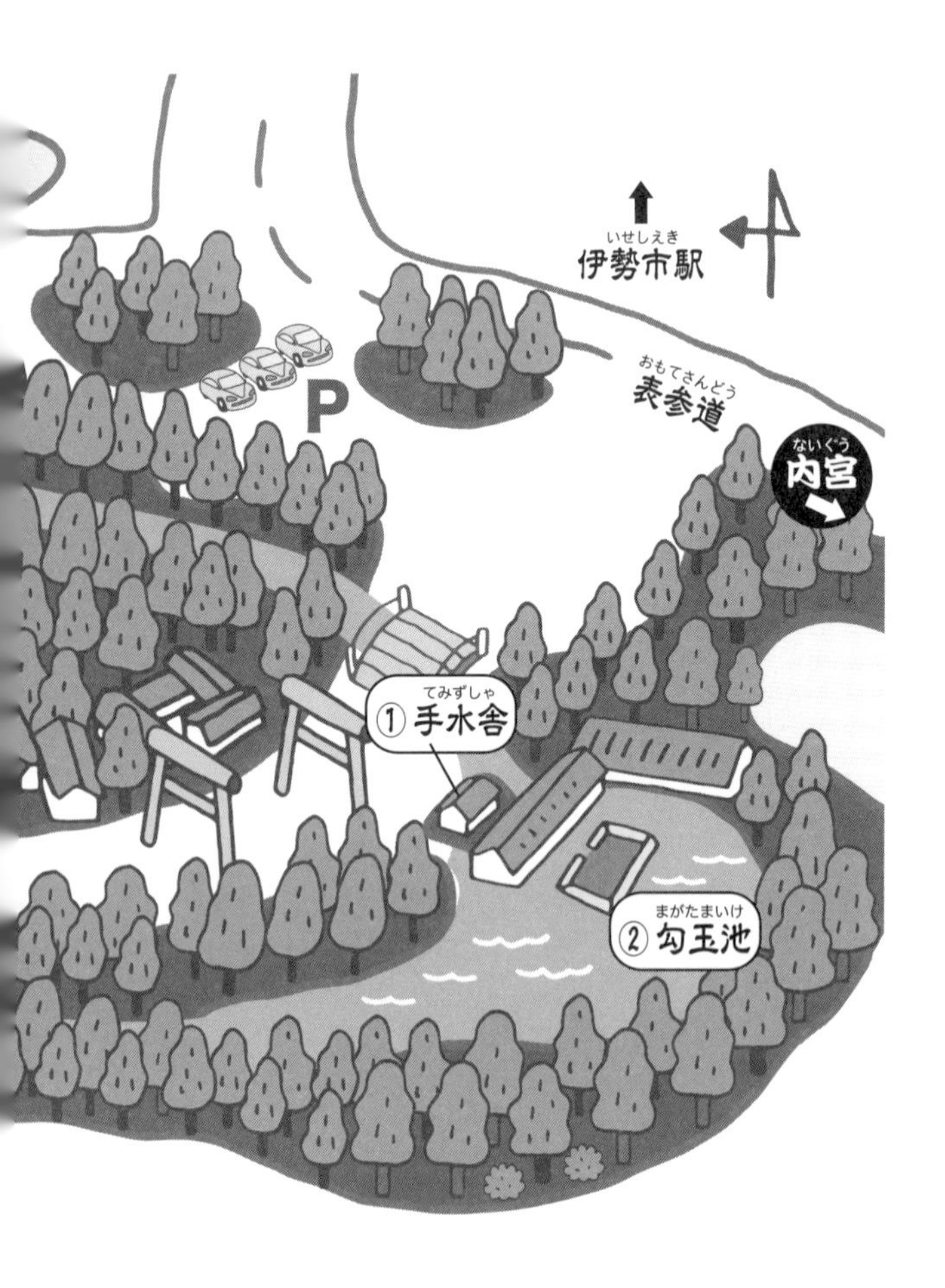

いせしえき
伊勢市駅
P
おもてさんどう
表参道
ないぐう
内宮
てみずしゃ
① 手水舎
まがたまいけ
② 勾玉池

とようけだいじんぐう
豊受大神宮
げくう
外宮
P
P
しょうぐう
⑧正宮
いみびやでん
⑨忌火屋殿
こでんち
⑩古殿地
かめいし
③亀石
つちのみや
⑤土宮
かぜのみや
④風宮
しものみいのじんじゃ
⑦下御井神社
たがのみや
⑥多賀宮

実はこれも、住吉大社に通じる仕掛けです。亀石は浦島太郎を龍宮城へ案内した玄武さん。龍宮城にいらっしゃるのは、豊受という名のお姫さま。二見が浦参拝のときにお話ししたように、豊受さまもまた北斗七星という名のドラゴンだからです。

しかし、亀さんに乗ったからと言って、やすやすとお目通りはできません。

なぜなら伊勢は「神風」の国。私たち人間と神さまを出会わせてくださるのは、風神さまの役割なので、亀さんに乗った後に風神さまが祀られている「風宮」へまずは参拝するとよいでしょう。

次に、風宮の対面付近にある「土宮（つちのみや）」に参拝します。

これで「風」と「土」が揃いましたね。

風宮から左手側には、螺旋状の石段が見えます。そこをしばらく上がっていくと、別宮では最も重要で豊受さまの荒魂が祀られている「多賀宮」がありますが、かなり小高い場所にあるので体力のない人は参拝しなくても大丈夫です。

ちなみに風宮から右手奥には、聖なる水の場所である「下御井神社（しものみいのじんじゃ）」もあります。

そしていよいよ、正宮へと向かい、神前で「伊勢外宮神前祝詞」を唱えましょう。

ここに書かれている本名を唱えれば、豊受さまが降りてきてくださいます。

【伊勢外宮神前祝詞】

「神風の伊勢國渡会の山田の原の底津石根に大宮柱太敷立高天原に千木高知て鎮り座坐外宮豊受皇大神亦の御号は保食大神とも稲荷大神とも申奉て蒼生等が喰て生べき五穀を始め諸の食物衣物に至る及に生幸へ給ふ広く厚き御恵に報い奉ると称辞竟奉て拝み奉る状を平けく安けく聞食と恐み恐みも白す」

外宮正宮

この後、時間があれば「忌火屋殿(いみびやでん)」にご挨拶しておきましょう。

そして最後に、かつて正宮のあった「古殿地」の別宮遥拝所に手を合わせれば、外宮参拝は終了です。

外宮では、ぜひ黄金色に輝く「神盃」を購入してください。

これは、お伊勢さん全体でイチ押しの超おすすめ品で、内宮でも同じものが入手できます。

この盃は、時代を超えて愛されている「慶事を現す」器であり、神さまとのご縁を結ぶ神器でもあります。

その証拠に、盃の中に紙を敷いて塩を盛る、あるいは盃を洗った後に酒や水を入れて少し時間を置くと、塩もお酒も水も確実に味が変わっているのです。

「神さまはいらっしゃるのですね」と、それだけで感じることができるので、ぜひ確認してみてください。

外宮の神盃は「衣食住の充実」向きで、内宮なら「自身の浄め」向きです。

この神盃を使うと、「浄めの塩」をつくることもできます。

具体的な方法としては、まず神盃に塩を盛ります。そして1日経ったらその塩を袋に入れて保存します。翌日にはまた塩を盛り、1日置いて袋に入れます。こうして毎日、1日分の塩を小分けして保存し、12日分溜まったものをすべて混ぜ合わせると、天照さま、豊受さまのエネルギーで浄めていただける「運命改善の塩」が完成するのです。

かなり困っている状況なら24日間、もうどうしようもない状態ならば36日間と、3つの周期の中から自分のレベルに合わせて続けるのもひとつの方法です。

ちなみに、「12日間」で時計の一周分、「24日間」で一年間分の「時間と空間」を浄める塩を作ることができます。そして「36日間」行えば、時間と空間に八方位まで入れたすべてを浄める塩が完成します。フルスペックを求めるのであれば最長の日数で行うとよいでしょう。

用途はさまざまで、料理や入浴にも使えますし、「鬼は外」と玄関先に撒くのもよいでしょう。

さらに、この浄めの塩と猿田彦神社でゲットした「御敷地之砂」を混ぜ合わせ、小さなビニール袋などに入れて持ち歩けば御守りに、玄関に盛り塩をすれば邪気退散に、また病気の際にも使うことができます。

そして極めつけは、神盃に水を入れて1日神棚に置いておけば「ご神水」になる、ということです。遠路はるばる汲みに行かずとも、自宅でつくって毎日飲むことができます。飾っておくのも悪くはありませんが、せっかくの素晴らしい盃ですから実用的に使うの

がいちばんです。

二見が浦で住吉大社の天龍に出会い、その導きによって外宮のドラゴンである豊受さまにお会いして参拝するということは、何も願わずとも衣食住が整って、豊かになるということを意味しています。

これが、二見が浦でお話しした「とてもステキなこと」です（110P参照）。

二見が浦と猿田彦神社で一切穢れのない状態になり、外宮では衣食住の保証がなされました。

その豊かさへの感謝をお伝えすべく、いよいよ内宮へと足を運びましょう。

「皇大神宮」（内宮）

内宮の主祭神である天照さまは、私たちの「和魂」を高めてくださる神さまです。

和魂とは調和、感謝、そして人間性を意味しています。

五行で表すならば「風」と「火」。

伊勢の神風と、天から降りてくる太陽という炎の光です。

外宮は現世、内宮は心。伊勢にましますふたりのお姫さまは、人間が生きていくためのすべてを二分割し、受け持ってくださっているわけです。


内宮では極力静かに、控えめに。おしゃべりも慎んでください。

ご神域になっている森に包まれる心地よさを感じ、五十鈴川の澄んだ水の冷たさを体感してください。

正面の鳥居をくぐり、右側通行で参道を進み、小さな橋を渡った右側にある手水舎で手を洗います。

再び鳥居をくぐり、左カーブに沿って歩いていくと、右側に五十鈴川のほとりまで降りられる階段が見えてきます。

その美しい川の水（五十鈴川御手洗場）で、もう一度手を洗いましょう。

その場所の左手あたりにいらっしゃる「滝祭神（たきまつりのかみ）」は、内宮の龍神さまです。忘れずにご挨拶をしてください。

階段を上がって参道を進み、もうひとつ鳥居をくぐると、右手にまた小さな橋がありま す。その先には風神さまが祀られている「風日祈宮（かぜひのみのみや）」があるので、天照さまに繋いでいただくためにきちんと参拝いたしましょう。

再び参道に戻って進んでいくと、いよいよ正宮参拝となります。

頼みごとはお伝えする必要はありません。

深くお辞儀をした後に合掌をし、まずは「伊勢内宮神前祝詞」を唱えてください。

ここに書かれている天照さまの本名を言上げすることによって、お目見えすることができます。

「伊勢内宮神前祝詞（いせないぐうしんぜんのりと）」

「神風（かむかぜ）の伊勢國（いせのくに）折鈴（さくすず）五十鈴原（いすずのはら）の底津石根（そこついはね）に大宮柱太敷立（おほみやばしらふとしきたて）高天原（たかまのはら）に比木高知（ひぎたかしり）て鎮座（しづまり）坐（まします）掛巻（かけまく）も稜（あや）に尊（たふと）き天照皇大御神（あまてらすすめおほみかみ）亦（また）の御称（みな）は憧賢木厳之御魂天疎向津比売之命（つきさかきいづのみたまあまざかるむかつひめのみこと）亦（また）の御号（みな）は天照大日霊之命（あまてらすおほひるめのみこと）の大朝廷（おほみかど）を祝斎（いはひまつり）て云巻（いはまく）も畏加礼（かしこかれ）ど天津日嗣知食皇命（あまつひつぎしろしめすすめらみこと）の大御代（おほみよ）を常磐（ときは）に堅磐（かきは）に護（まも）り奉給（たてまつりたま）ひ現（うつし）き青人草（あをひとぐさ）をも恵（めぐ）み幸（さきは）へ給（たま）へる広（ひろ）く厚（あつ）き御恩頼（みめぐみ）に報（むく）ひ奉（たてまつ）ると称辞竟奉（たたへごとをへまつ）りて拝（をろが）み奉（たてまつ）る状（さま）を平（たひら）けく安（やす）けく聞食（きこしめせ）と恐（かしこ）み恐（かしこ）みを白（まを）す」

内宮正宮

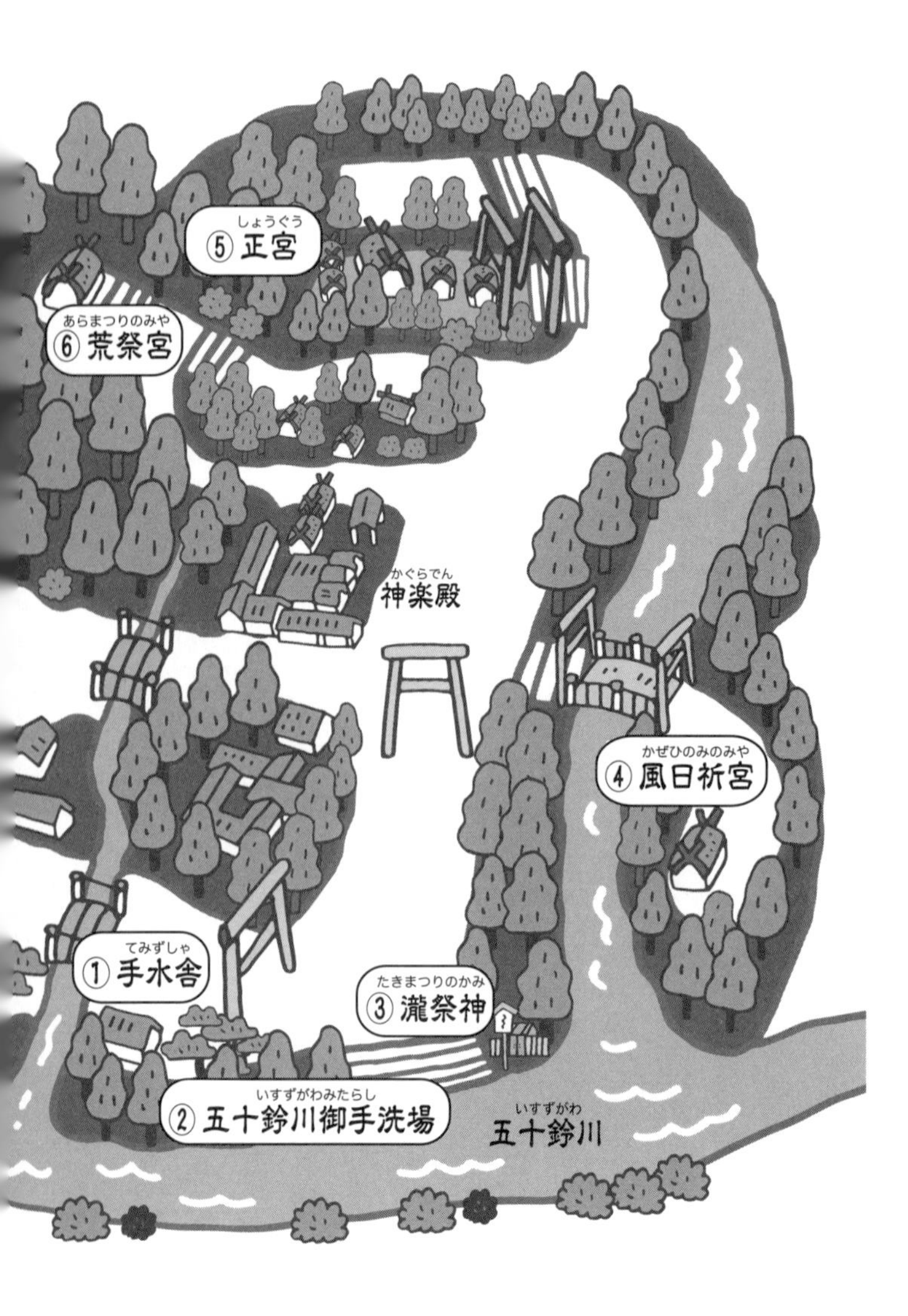
しょうぐう
⑤正宮
あらまつりのみや
⑥荒祭宮
かぐらでん
神楽殿
かぜひのみのみや
④風日祈宮
てみずしゃ
①手水舎
たきまつりのかみ
③瀧祭神
いすずがわみたらし
②五十鈴川御手洗場
いすずがわ
五十鈴川

こうたいじんぐう
皇大神宮
ないぐう
内宮
P
P
げぐう
外宮

この後に、第三章でお話しした「太陽の祈り」、または「水の祈り」を実践してみましょう。

そう、「頼む」のではなく明るく願い、祈るのです。

もちろん既に成功している人、やる気元気満々の「陽」のエネルギーで「ポジティブ」な思いの人は、

「お蔭さまでありがとうございます。神恩感謝」

とだけお伝えすればＯＫ。

「陽」のエネルギーでの「ネガティブ」な思いの人は、二見が浦と猿田彦神社で呪い系の恨みつらみはすっかり浄化されたはずですが、それでもまだふとブラックな思いが浮上してきてしまったら、決して言葉にしないこと。ギリギリセーフという感じではありますが、心の底から、

「お蔭さまでありがとうございます。神恩感謝」

とお伝えすれば大丈夫でしょう。

さて、ここからが「陰」のバージョンとなります。

二見が浦→猿田彦神→外宮と参拝して、

「ドラゴンによって衣食住の恵みを既に与えられているんだなぁ。ありがたいなぁ」

と思えた人は「成功者のふりをする」という「陰」のエネルギーで「ポジティブ」な思い＝「太陽の祈り」を実践してみましょう。

最高最善の状態を願いながらニコッと爽やかに微笑んで、「私は世界一豊かで幸せです。お蔭さまでありがとうございました。神恩感謝」と、1回だけお伝えすれば十分です。

そして、か弱い女子は「陰のネガティブ系」＝「水の祈り」を捧げましょう。

「自分ではもう何もできないので天照さまにすべて丸投げしておまかせいたします」と思いながら絶望するのではなく、全身の力をフニャ～と抜いて、困っていることを願います。

「神さま、私、お金が……お金が……お願いいたします。神恩感謝」

「神さま、私、彼氏が……彼氏が……お願いいたします。神恩感謝」

このようにすべてを言わず、頼まず、願い、祈り、感謝の気持ちをお伝えした後、

「伊勢の神さまの、ますますのご発展を祈らせていただきます」

という言葉でしめれば完璧です。

どこまでも健気なあなたのために、天照さまは「引き寄せ」というプレゼントを次から次へと贈ってくださるでしょう。

最後は、正宮の左手奥にある別宮「荒祭宮」に参拝します。

ここは伊勢の奥宮であり、天照さまの「荒魂」が祀られている場所です。

荒魂とは「活動」の魂で、四魂の中でもいちばん肉体に近いところにあるエーテル体のエネルギーのことです。しかし内宮そのものが最も波動の高い魂を有しているため、この荒魂は別宮になっているのです。

最後の参拝を終えたら、神楽殿を右に回ったルートを歩いて帰りましょう。

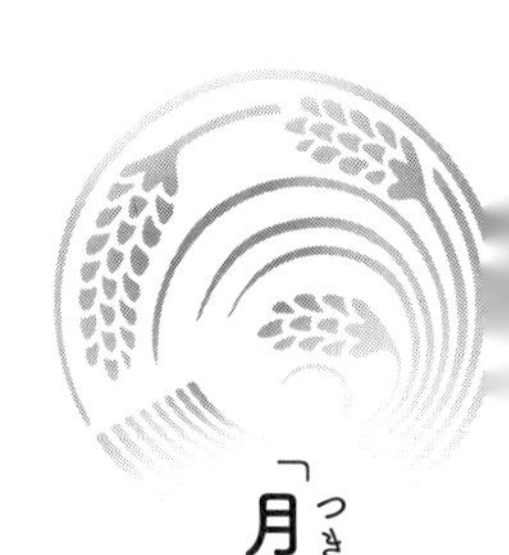

「月讀宮(つきよみのみや)」

お伊勢さんは、皇大神宮（内宮）と豊受大神宮（外宮）を中心として、別宮、摂社、末社など125のお社から成り立っています。

特に別宮は、正宮に次いで尊いお宮のことで重んじられているお社です。

その中に、「月読」という名のついたお社が3か所あります。

ひとつは、外宮の近くにある「月夜見宮」。ここには、月読さまの荒魂が祀られています。

もうひとつは、内宮の近くにある「月読宮」。こちらは月読さまとともに、ご両親にあたるイザナギさまとイザナミさまが祀られています。

こちらの2か所は、時間があればお参りするとよいでしょう。

重要なのは、三社目の「月讀宮(つきよみのみや)」です。

こちらには月読さまの荒魂、月読さまご自身とご両親の、すべてが祀られています。

場所は猿田彦神社の近くですが、「猿田彦さまのついでにお参りしておこう」と思わず、内宮参拝を終えた最後に立ち寄ればパーフェクトなコースツアーになります。

なぜ月讀宮が最後に参拝すべき場所なのか。

その理由も、北斗七星とドラゴンに繋がっているのです。

まずは少しだけ、おさらいをしてみましょう。

豊受さまは、豊かに実った稲穂の恵みを司る「稲荷神」であると同時に、稲穂を実らせるために必要な「水の神」でもあります。

そして、その水は「真名井の水」という特別なものでした。

真名井の水は、高天原のご神水です。

この天から落ちてくる真名井の水は直接地上に降り注がれるのではなく、最初に北斗七星の柄杓に溜まるのです。

つまり、北斗七星でもある豊受さまが一旦この水を受け止めている――だからこそ外宮は「水神の総本山」であり、真名井の水を祀る神社が建立されているわけです。

では、北斗七星の柄杓に溜まった水は、どうやって地上に降りてくるのでしょうか。

実はそれが、月読さまの役割です。

北斗七星の柄杓からこぼれた水を受け止めるのは月読さま。そして受け止めた瞬間に月読さまは真名井の水と化し、その水を地上に「雨」という形で降ろしてくださいます。

月讀宮

空に雲が広がり、ドラゴンが出現したところで月読さまの真名井の水という雨が降り、豊受さまがその水を受け止めて神田に水が注がれ、そこに天照さまの太陽が燦燦と降り注がれて黄金の稲穂に育つ――伊勢において最も重要な儀式は、この三人の神さまの超強力なタッグによってなされているのです。

ですから月読さまもまた、真名井の水の神＝水神であり、お伊勢さまにおけるいちばんの隠れキャラであり、雨によって外宮と内宮を繋ぐという重要な役割を果たしています。

さらに、出雲大社と住吉大社、そして伊勢神宮と、すべてを繋いでくださっているのも、「謎の女」で「雨降らし」の月読さまだったというわけです。

お伊勢参りのしめとして、月讀宮を訪れなければならない理由は、こうした繋がりにあったというお話でした。

これが、パーフェクトなお伊勢参りです。

では次章から、そんな神々とお近づきになるための「神技ワーク」の習得に入るとしましょう。

第五章

ご縁がずっと続いてくれる

伊勢の神さまの「浄化」と「引き寄せ」のワーク

る。

神さまのイメージを「この世」の映像に見立てることが第一歩

「我」と「世界」の浄化に始まり、衣食住という現世の豊かさに感謝を捧げ、最後は伊勢の神さまに「お蔭さまでありがとうございます」と心の底からお伝えできる人間に成長する。

これがお伊勢参りという旅でした。

しかし悲しいかな、人間というものは日常生活を送っているうちに、感動や感謝といった心を忘れてしまいがちな生き物です。

そこで、伊勢の神さまとのご縁をいつまでも繋ぎ続けるためのワークを、今回はたくさんご用意させていただきました。

これから参拝に行こうと考えている人は、いまから始めればより有意義な旅ができることでしょう。

さまざまな事情でいますぐに伊勢に行けないという人は、毎日実践することでお伊勢参りに行かずとも浄化され、神さまと繋がることができるようになります。

「お参りした時は最高だったけれど帰宅したら再びモヤモヤが始まった」という人は……ひたすらワークに勤しんでください。

今回のワークのテーマは「我と世界の浄化」、そして「引き寄せ」です。

特に「引き寄せ」のワークは、天照さま、豊受さま、猿田彦さま、アメノウズメさまと、4つのバージョンがあって盛りだくさんになっております。

これらのワークはすべて「フィジカル・イメージ」が基礎になります。

伊勢の神さまのイメージをこの世の映像に置きかえ、見えない存在である神さまを表現し、象徴として使います。

ワークの中には、「手印」（ムドラー）を結び、神さまの名前を「真言」（マントラ）としてゆっくりと唱えるというものがあります。

「手印」とは、手を組み合わせて印を結んだ形で神仏の姿を表現し、悟り・救済・功徳の象徴とされているものです。

「真言」とは、神仏に願いを届ける呪文、直通の電話番号のようなものです。

密教においては、手印を結ぶことで普段の行いから生じた罪穢れが浄化され、真言を唱えることで言葉によって生じた穢れが浄化され、神仏の御姿を観思＝イメージすることで内面の穢れが浄化されると考えられており、人間の三つの活動（身・口・意）が神仏の三密（身・口・意）と一致することで神仏と一体になれるという意味を持っており、仏教ではこれを総称して「三密加持」と言います。

神さまの名前が「真言」、その神さまの姿を表すのが「手印」、そして神さまの姿を観想するのがイメージング。これで「三密加持」となって、神さまと一体化することができるわけです。

手印と真言だけでも充分に神さまとお近づきになれますので、焦る必要はありません。神さまは常に救いの道を開いてくださっていますから、「あちらを立てればこちらが立たず」とはならず、「あちらが立たなくても、こちらは立つ」という結果をもたらしてくださいます。

しかし中には、映像のイメージを思い浮かべるのが苦手な人もいるでしょう。

そうした場合は「音」に集中してみてください。

ただ、神さまのお名前を言葉で唱えればよいのです。

では、伊勢の神さまの御姿のイメージングに入りましょう。

まずは、禊祓に大切な「二見が浦」のイメージ。これはずばり「海」です。海そのものがドラゴンの世界であり、そこから天照さまという太陽が昇ってふたりが出会うことで

物語が始まるのです。

①『海に突き出た夫婦岩の間から太陽が昇ってくるイメージ』を、思い浮かべてみましょう。これが基本イメージとなり、天照さまと繋がることができます。

猿田彦さまは、**②『霧がかかっている山の上から「おーい」と叫んだ声が、スーッと霧を払って道が開かれていくイメージ』**です。このときの白い霧に邪念、邪気、悪運などの不幸がまとわりつく。最初はその霧で前方が見えていないけれど、柏手や祝詞や声がそれを祓い、海がふたつに割れていくモーゼの「十戒」の映画のように空気がレーザー光線で切れていくシーンを思い浮かべてください。

アメノウズメさまは、猿田彦さまが道を開いて**③『爽やかに晴れた緑の草原で、風を受けながら笑って踊っているダンシングクイーンをイメージ』**しましょう。バックにアフリカンパーカッションが流れていてもよい感じです。

豊受さまは、**④『足の裏や手の中がたわわに実った稲穂のように「金色に光っている」イメージ』**です。例えば立っている状態なら足の裏、あぐらなら太ももの外側やお尻。大地に接触している部分が黄金に輝いているという状態です。中でもイメージしやすいのは、両足の裏が黄金色のワラジを履いたかのように光っている、靴底がピカピカの金色になっていると考えること、または黄金のチップのようなものを持ち歩いているという映像です。

稲穂のひと粒ひと粒の籾殻が金色に輝いて、シャラシャラと鳴っている音を感じるのも効果的です。

天照さまは、⑤**『全身に黄金の光のシャワーを浴びているイメージ』**です。または海の向こうから昇ってきた朝日を浴びて、体全体が金色の光に包まれる感じでもよいでしょう。

月読さまは、⑥**『静かな満月の夜に夜霧が雫となってシトシトと落ちてくるイメージ』**です。その雫はひんやりと澄んでいて、あなたの体をしっとりと濡らし始めたと思ったら徐々に勢いを増し、最後は滝のように注がれる——そんなシーンを思い浮かべてください。

これで、伊勢の五人の神さまの存在をしっかりと感じられるようになります。

神々に囲まれ、護られていると思いながらワークを実践していきましょう。

それぞれの神さまと繋がるためには、①の基本イメージから始めて、⑥まで順番にイメージをしてもよいし、①と②、①と③というように基本イメージと繋がりたい神さまのイメージを組み合わせてもよいでしょう。

「我」と「世界」を浄化する

「私が悪い」(我)

という考え方も、

「アイツが悪い」(世界)

という考え方も、ひと言で表すならば「被害者意識」というものです。

これには二段階あって、初期段階の被害者というのは例えば「足が痛い」「頭が痛い」など自分が受けた被害のみを訴えているという、事件直後の状態です。

これが「我」についてのお話。

しかし、その後、「賠償金が入りました」「気功で助かりました」となったときにセカンドステージに突入し、被害者から一転して自分が悪いヤツとなって加害者を呪い出し、「私がこんなふうになったのはあの人のせい」「会社が悪い」「環境が悪い」となってしまう――。

これが「世界」についてのお話になります。

被害者意識のある人というのは、

「昨日は自分がかわいそうだと思った」

けれども、

「今日はあの人のせいだと思っている」

というように、主観で被害を切り替えていて、たとえ自分の傷が癒えて幸せになったとしても、加害者がのうのうと生きていること自体が許せない、納得できないという思いが残ってしまうのです。

つまり「被害」と「呪い」がワンセットになってしまっているので、たとえば私がエネルギーを使ってヒーリングを施し、

「キレイになりましたよ、もう大丈夫」

と告げても、納得がいかない顔をしている人は、

「だってあの人は普通に生きているじゃないですか！」

という呪いにとり憑かれているわけです。

ですから「浄化」というのは、「我」と「世界」の両方に対して行わなければならず、それを助けてくださる異なる神さまのそれぞれのワークを行わないと、完全ではないということになります。

ここでは、「我」の浄化ワークはドラゴンと月読さま、「世界」の浄化ワークは猿田彦さまとアメノウズメさまの夫婦神の力をお借りして行います。

(1) 自身の内面を浄化する【真名井の水のワーク】

これはいわば、二見が浦のドラゴンと月読さまがタッグを組み、まだ被害に遭ったばかりで自責の念に囚われているあなたの内面を浄化するワークです。

①まずは自分の頭上からなるべく高い空中に、指で大きく「乙」と書き、それが光の文字となって輝いているとイメージします。

「乙」とはドラゴンであり、龍宮城の乙姫さまであり、龍女さまの象徴です。

②「乙」よりもっと高い天空に、北斗七星があると想像します。

③北斗七星の柄杓から、月読さまの「真名井の水」が落ちてきます。

それが天に光る「乙」のドラゴンに向かってスーッと流れ、「乙」を経由して今度は自分の頭上（百会のツボ）に真名井の水が注がれているとイメージします。

④真名井の水が頭から注がれて全身に行きわたり、体内の水分がすべてこの水に変わったと思いながらこう唱えます。

「この水は、天(あま)の真名井(まない)の水なり」

⑤月読さまのイメージを思い浮かべながら、名前のマントラを10回唱えます。

「ツークーヨーミーノーオーホーミーカーミー」

⑥「ありがとうございます」をゆっくり10回繰り返します。

基本的には、時間にも回数にも制限はありません。しかし1日3回、21日間続けることができれば、真名井の水とともに自責の念がキレイさっぱり洗い流されるのはもちろん、あなた自身が北斗七星の象徴である豊受さまへと変わっていくことができるでしょう。

(2) 内面の問題点を浄化する【月読さまワーク】

自責の念というものは進行すると、

「私なんて、どうせろくでなし」

「私って結局、性格が悪いのよ」

といった自虐的な思いに変化してしまいがちです。

そして、いまの不幸の原因は自分にあるのではなく、相手にあるのだと思ってしまうと、

「あの人も不幸になればいい」

「一生許さない」

というネガティブな呪いの感情が心を占拠してしまいます。

また、人には言えない内面の秘密、たとえば――好きな人ができるとストーカーチックになってしまう、本当は強烈にワガママだ、仕事が大嫌いな怠け者だ……といった、あなた自身が自覚している欠点というものもあるでしょう。

そうした己の問題を、

「お蔭さまできれいになりました」

と、浄化してくださるのが月読さまのワークです。

これは天照さまのワークでも可能ですが、月読さまは「陰」のエネルギーですから、他人には言えない、後ろめたい、恥ずかしい面などを浄化することができるのです。

このように隠された罪穢れというものは、神社で大っぴらに「私はろくでなしでございます！　神さまよろしくお願いいたします！」などとは言えないものですから、このワークで密かに、静かに、洗い流しましょう。

①月読さまの「手印」を結びます。

この手印は155ページに掲載されています。

指の間に反対の指を交互に挟むようにします。後に紹介する天照さまの手印とよく似ていますが、指の組み方が逆になっていますので、ご注意を。左側が「陰」、右側が「陽」にあたります。天照さまは太陽の「陽」ですから指を鉢状に組んだときに右手の小指が手前になり、月読さまはお月さまの「陰」ですから左手の小指が手前になります。

②印を結んだまま、

「ツークーヨーミーノーオーホーミーカーミー」

と、ゆっくり10回、マントラを唱えます。

③そのままの姿勢で「ありがとうございます」と、ゆっくり10回繰り返します。

④手印の親指を離し、手の中に月の光のボールが入ってきたとイメージします。

⑤そのボールの中に、自分の内面の問題点が言葉、イメージとなり、吸い込まれて入っていきます。

例えば「ワガママな私」「あの人を呪っている私」というような短いセンテンスにして、ひとつのボールにひとつの問題点を納めていきましょう。このとき、ボールがダークな色に変化したと感じても大丈夫です。

⑥そのまましばらく待っていると、月読さまの「真名井の水」が満月の光として降りてきてボールに注がれ、汚れがキレイに洗い流されて透明な玉に変えてくれたとイメージしま

月読さま手印（左小指が手前）

す。

⑦最後にその透明な玉を「いただきます」と言って、自分のハートのあたりに納めます。

心の問題を数多く抱えている人は、いくつもボールをつくることになりますが、のんびりと何個でもやればよいのです。汚れたら、洗えばよいいだけですよ。

(3) 外の世界を浄化する【猿田彦さまの八方位祓いのワーク】

自分の内面の問題はクリアして「我」は浄化できたものの、「外の世界にはまだ悪いヤツや気に入らないヤツがいて許せない」という気持ちが残ってしまっていたら、「真名井の水のワーク」と「月読さまのワーク」の後に猿田彦さまの「八方位祓い(はっぽういばらい)」を行って、あなたを取り巻く「世界」のすべてを浄化してしまいましょう。

①猿田彦さまの「手印」(157ページ参照)を結びます。
②名前のマントラをゆっくり10回唱えます。
「サールーターヒーコーノーオーホーミーカーミー」
③「ありがとうございます」とゆっくり10回繰り返します。
④天照さまの太陽が昇る東の方位から始めて時計回りに、
「トーホーカーミーエーミーターメー」
と一方位ずつ、計八方位に一文字ずつゆっくりと、遠くの山に立ち込めている霧に届いてそれが晴れていくようなイメージで唱えていきます。

つまり、「ト」=東、「ホ」=東南、「カ」=南、「ミ」=南西、「エ」=西、「ミ」=西北、

（横から図）
（右小指が下）

（上から図）

猿田彦さま手印

「タ」＝北、「メ」＝東北、となるわけです。

　こうして外へ響きを放つことで、『八方位すべての道が開かれてキレイになりました。嫌いな人も、加害者も、宿敵も浄められました』と思ってみてください。

それによってあなた自身も、知らず知らずのうちに楽になっていくでしょう。

しかし、この八方位祓いのワークは、許せない人をただ浄化するだけではありません。

「世界」のすべてがキレイになるわけですから、部屋で行えばその部屋が、自宅の敷地で行えば家全体が、よそのお宅でやればその家族が、すべて浄化されていきます。

そしてその場所は、伊勢の神さまをお呼びするのにふさわしい「聖域」と化すのです。

ですから、この猿田彦さまの八方位祓いは「世界」に対してケンカを売っている人専用ではなく、この後に行う「引き寄せワーク」のためにも必要です。

ちなみに、ここでは「トホカミエミタメ」という呪文を使っています。

『「出雲の神さま」にまかせなさい』をお読みになって、

「あれ？　これってスクナヒコさまの祝詞ではなかったかな？」

と思っている方、そうではありません。

これは「**天津祝詞太祝詞**（あまつのりとふとつのりと）」とも噂され、日本最古の祝詞とされています。

一度口にするだけで、八方位に広がるすべての邪気を浄化する言葉であり、出雲の神話

になぞらえればスサノオさまがヤマタノオロチを退治した状態を表しています。

(4) 浄め、祓い、神降ろしが同時にできる【アメノウズメさまの「あちめうた」】

猿田彦さまの「八方位祓い」を行ってキレイになった場所の真ん中に立ち、続けて行うと効果絶大なのがアメノウズメさまの「あちめうた」を唱えるワークです。

これは、天照さまが閉じこもってしまった天岩戸を開く能力を意味する神楽歌で、天照さまという神さまをこの世に出してくれたということは、人間と神が繋がるという縁結びであり、すなわち「神降ろしの術」です。

この「あちめうた」の最大の特徴は、自分のいる場所に神さまが降りてきて一体化し、「浄化」と「活性化」を同時に行ってくれる、という点にあります。

「浄化」とは、お浄めとお祓いで自分の魂が鎮まること。

「活性化」とは、八方位のエネルギー展開で不幸が消えて運がよくなること。

しかも方法はいたってシンプルで、自宅でいつでもできるというところにも、アメノウズメさまの優しさと偉大さを感じてしまいますね。

さて、このワークの最中に「天(あま)の咲手(さきて)」（161ページ参照）という手印が登場します。

仏教での呼び名は「金剛合掌」。基本として習う手印ですが、あらゆる願望を実現する力があるとされており、最後に再び習うという万能の手印です。

組み方は、右手の親指が上に来るように、両手の第一関節だけをクロスするだけ。ピラミッドや火の見やぐらのような形です。

そして親指がクロスしている部位を口元の高さまで持っていくと、手印の中に唱えた祝詞の波動が入っていきます。

通常は、願いごとをひとつ思い浮かべた後に15分ほど「天の咲手」を結んでじっと静かにしていると、願いが天に届くという技として使われています。その願いごとの言い方も重要で、理由や状況説明などは省き、「金運上昇」「千客万来」「身体強健」「人格円満」「心願成就」「神恩感謝」というように、端的な言葉にするのです。

これは「引き寄せの手印」（182P参照）ですから、アメノウズメさまのワークとは別に実践してみるとよいでしょう。

さて、猿田彦さまとアメノウズメさまの夫婦ワークの手順を説明します。

(横)
じっと待つ形

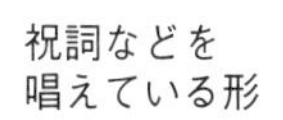

天の咲手

①猿田彦さまの「八方位祓い」を行います。
これで、神さまにいらしていただけるキレイなエリアが出現するので、その後に合掌して一度体勢を整えましょう。
②アメノウズメさまの名前を、マントラとして10回唱えます。
「アーメーノーウーズーメーノーオーホーミーカーミー」
③「ありがとうございます」とゆっくり10回繰り返します。
④「天の咲手」の手印を結んで「あちめうた」を唱えます。
「あーちーめー」を1回。

「おーおーおー」「おーおーおーおー」「おーおーおーおー」と、3回。

その後に、

「◯◯の大神　このあさくらに　おりましませ」

と言って、両手のひらを上に向けた状態で開き、両手を下へ降ろします。

これは「神迎えの儀式」です。

その後、降ろしたい神さまの名前を「真言」として唱えます。

天照さまなら1度だけ、

「アーマーテーラースーオーホーミーカーミー」

と唱えるのですが、ここでお名前を10回繰り返すと、後に「引き寄せワーク」で行う天照さまの「十言の神咒」の練習になり、より効果が強力になります。

豊受さまを降ろしたい場合は、猿田彦さまの八方位祓いを行った後に、

「トーヨーウーケーノーオーホーミーカーミー」

と、10回唱えます。
⑤神さまが降りてきてくださったことに対して、ゆっくりと10回「ありがとうございます」とお礼を言い、手印を解いてしばらく静かに立って待っていてください。
すると自分を取り巻くオーラが「バチバチ！」という感じで浄化され、活性化していきます。現実的には「気持ちが楽になる」「場所が明るくなる」といったことを体感できると思います。合掌して立っていてもよいでしょう。

そして、あなたにくっついて悪さをしていた「憑依霊」がいたとしたら、そちらも一瞬で浄化されてしまいます。なぜなら神さまに勝つ霊体など、基本的にはいないからです。

やがてあなたのオーラそのものが神さまに変わり、その力で願いごとや困ったことがキレイになり、神さまがいらした場所も澄んだ空気になっていくでしょう。
⑥再び「天の咲手」の手印を結び、
「ありがとうございました。もとつみくらにかえりませ」

と言って、手印を解き両手のひらを上に向けた状態で下から中央に寄せ、天に向かって両手を上げていきます。

これは「神送りの儀式」です。

アメノウズメさまの「あちめうた」のサポートがあれば、直接神さまを呼ぶことができるので、お坊さんや神主さんの力を借りずとも、お祓いもご祈祷も自宅でできるという技であり、その「降神の術」が実はご利益になってしまうというワークでした。

神さまの引き寄せワーク

お伊勢参りで言えば、あなたはもう猿田彦神社から離れて外宮に向かっている状況にあります。

さあ、ここからが、「引き寄せ」ワークの本番。

コンセプトは、「自信」と「確信」です。

自信というのは、「我」の状態の評価です。

状況も運も悪く、トラブル続きで困っているけれど、私には何とか解決する自信がある、と思っている状態。

一方の確信というのは、「我」の外――「世界」に対しての評価です。

言い換えれば「そうなるよ」という予感のようなものがある状態。

いまのあなたは、どちらでしょう。

「我」が○、「世界」が×……出雲大社向き

「我」が×、「世界」が○……住吉大社向き
「我」も○で、「世界」も○……伊勢神宮の「陽」
「我」も×で、「世界」も×……伊勢神宮の「陰」
この4パターンが考えられます。

「我」が○で自信はあるけれど、「世界」が×という人には、出雲大社が向いています。あなたを取り巻く世界がよい状態になるように、縁結びをしてくれるからです。これは自力で何とかできるレベルで、一般的に言われている「引き寄せ」の技にあたります。

世にある引き寄せ本には「まずは自分を高めて自信をつけましょう」と書かれていることが多いようですが、それができないから悩んでいるというのは「我」が×の状態です。

しかし「世界」が○だと思っているならば、自分が泣きっぱなしでも、ヘタレでも、悪いヤツでも本来は何とかなってしまうものです。ところが「我」に自信がなさ過ぎると「救われない」と思い込み、世界がギフトをあげると言ってくれているのにもかかわらず、

「私はもうダメですから」

と言って受け取り拒否をしてしまう――。

そこに最大の問題点があるのです。

そんな「我」が×で「世界」が○の人には、住吉大社が向いています。あなた自身をド

ラゴンに成長させてくれる場所であり、ドラゴンになれば自信が生まれるからです。

するど、世界からのギフトを、

「お蔭さまでありがとうございます。受け取らせていただきます」

と、素直に受け入れることができるようになるでしょう。


「我」も○、「世界」も○の人には、お伊勢さんの「陽」(凸)の引き寄せバージョンが向いています。

自信と確信に満ち溢れ、何もかもがうまくいっている状態ですから、いま与えられている豊かさへの感謝をお伝えするために、伊勢神宮にお参りをしましょう。

残るは「我」も×、「世界」も×のパターン。

自信も確信も失って泣いている「か弱い女子系」です。

こちらはお伊勢さんの「陰」(凹)の引き寄せバージョンでうまくいきます。すべてをおまかせするという「素直さ」を持つことがポイントです。

伊勢においては、あなたがどんな状態でも、そして世界がどんな状態でも、引き寄せの法則は発動します。

そんな、すべてを網羅する「引き寄せワーク」をぜひ実践してください。

（1）猿田彦さまの引き寄せワーク

世界を浄化して、全方位からのギフトの受け取りを可能な状態にするのが、猿田彦さまバージョンの引き寄せです。

方法は【猿田彦さまの八方位祓いのワーク】とほぼ同じですが、八方位を回る際に右回り（時計回り）か左回り（反時計回り）かによって効果が違ってくるという点と、「トホカミエミタメ」と言う声が行ったきりではなく「やまびこ」のように返ってくるように思う、という点が異なります。

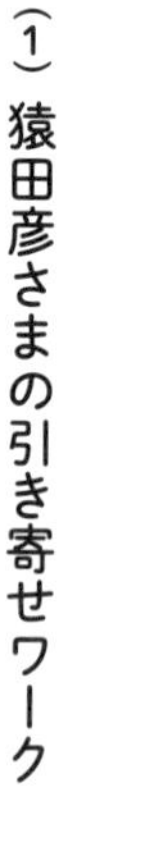

エネルギー＝「気」は、右回りに進行するという原理を持っています。

自分が大きな円の中心に立っていて、そこから顔を正面に向けたままの状態で体を右回りに動かしていくと、円の中心には「天の気」が降りてきます。

同じ状態で左回り（反時計回り）をすると、大地から「地の気」が上昇してきます。

その空間でまっすぐに声を出し、「やまびこ」のように響かせていくのがポイント。

遠くの山に向かって「おーい」と叫ぶと、その声が「おーい」と跳ね返ってくる、というイメージです。

願いごとを叶えてくれる世界は、目的に合わせて八方位のどこかに存在しています。

しかし、願いごとが届いた方位に出かけて自分で持ち帰ってくる必要はありません。その方位に声が届き、山にぶつかって、「やまびこ」のように「願いごとが叶えられた」という状況が戻ってきたところで、

「お蔭さまでありがとうございました」

と受け取らせていただく、というのが猿田彦さまの引き寄せです。

これを「訪れ（おとずれ）」＝「音連れ」と言います。

音を連れて帰ってくる、稀人（まれびと）が訪れるという意味です。

ですから、このワークのニュアンスは「返ってくるやまびこ」であって、行きだけではなく、帰りも込みで受け取ることができるのです。

しかしやまびこが返ってきたとき、連れて来たギフトがよいものか悪いものか……。それは向こう次第なのでわからない、というのが通常の原理です。

勝手に訪れて入ってくるわけですから、ドアをいきなりノックされたので開けてみたらウイルスでした、ということもあり得るし、逆に恐る恐るドアを開けたらお金とお米が山積みされていました、ということもあり得るわけです。

状況と出来事に委ねていると幸運か不運かの確率は五分五分で、利益と損益の経費を合

わせてみると「実は儲かっていなかった」ということがわかってしまいます。
「運が悪い」というのは、やまびこが連れて帰ってくるものが悪いものばかりだという状態で、新しい不幸が次々と訪れるので時間の経過とともにどんどん運が悪くなっていってしまうのです。

しかし、猿田彦さまの「やまびこの技」ならば、運に任せない誘導が可能になります。
なぜなら「トホカミエミタメ」の音を八方位にぶつけていくことが祓いとなって、運が悪いというマイナスが「音」によって浄化されていくからです。

山の上から天狗がやまびこを返してくれるような、遠吠えをしているような、そんなイメージが浮かびます。

そしてこのとき、困っていることがあっても、願っていることがあっても、その内容をイメージしたり口に出したりする必要はありません。

それは何度もお話ししているように、どんな問題でも八方位のエネルギーで必ず解決するし、どんな願望も八方位のエネルギーで実現するという原理があるからです。

「トホカミエミタメ」を左回りで回れば、妨害波動が消えて現世ご利益が近づいてくる。
「トホカミエミタメ」を右回りで回れば、神さまが助けてくださって運気が上がる。

どの方位が、どんな運気に関係していて、解決の引き寄せや願いごとの引き寄せがなさ

れるのか。それをあえて詳しく知る必要はありません。

どのみち猿田彦さまは八方位すべてをキレイにして「道開き」をしてくださるので、八方位にまんべんなく願いは届き、それが「やまびこ」となって返ってくるのですから。

その問題や願いが「この世のこと」である限り、空間の中でポジティブエネルギーがパワースポットのような役割を果たしていれば、どんなことでも実現します。

逆に実現しないということは、風水的に言うならばあなたがいま生活している環境や行動エリアがパワースポット化されていない、というだけの話です。

だとするならば、

「西の方位に黄色い小物を置く」

といった小さな世界観ではなく、あなた自らが「人間風水」となって八方位の邪気を祓って困らない世界をつくり、そうして道を開いた八方位から「トホカミエミタメ」という「音」ですべてのものを引き寄せ、その場を「何でも叶う訪れの場所」のようにすればよいわけです。

このワークの大切なポイントは、

「よい運を引き寄せたい」人は、天からもらう。

「利益をすぐに引き寄せたい」人は、大地からもらう。
というところにあります。

どちらを先にするかと言えば、やはり「よい運を引き寄せる」ほうがよいでしょう。

その場合は、右回りに「トホカミエミタメ」を行います。

そしてこれは「天の気」＝太陽ですから、天照さまの引き寄せでもあるわけです。

しかし「運がよい」ということは、運まかせのところもありますから「すぐに利益がほしい」と思っている人にとっては多少のタイムラグがあるかもしれません。

その場合は、左回りに「トホカミエミタメ」を行います。

これは「地の気」＝大地ですから、豊受さまの引き寄せとも言えます。

もちろん「天」と「地」の両方を行っても構いません。

しかしその場合は、天照さまの「天」＝右回りを先に行い、続いて豊受さまの「地」＝左回りを行ってください。

先に豊受さまの恵みを引き寄せても、運はなければご利益はほんの少ししか入ってきません。ですから先に天照さまの恵みを引き寄せ、

「運をよくして最大利益を受け取る」

わけです。

(2) アメノウズメさまの引き寄せワーク

アメノウズメさまの引き寄せには、自信も確信も必要ありません。

一霊四魂の「幸魂」を鎮魂として使うので、

「笑って踊って幸せになる」

というニュアンスです。

これは、いままでのどの引き寄せにも属さない新しいバージョンだと言えるでしょう。

アメノウズメさまの場合は、「気分」＝感情で引き寄せるのです。

①まず「自分がいま幸せである」という気分をつくります。

恋人といて楽しかった、スイーツをお腹いっぱい食べて幸せだった……。素材はどんなものでも構いません。とにかく感情が楽しい、幸せ、思わず笑顔になっちゃう、踊りたくなっちゃうという感じになることが肝心。

引き寄せたい願いをイメージする必要もありません。

ただ「幸せだなぁ」と感じることができれば、それでよいのです。

②猿田彦さまの手印（157P参照）を結んで、名前を10回唱えます。

「アーメーノーウーズーメーノーオーホーミーカーミー」

③「ありがとうございます」と10回ゆっくりと繰り返します。
④楽しい、幸せと感じながら、手印を前後に振って「あちめうた」を唱えます。
「あーちーめー、おーおーおー」（ここでは「おー」を3回にします）
手印を前後に振るのは「魂振り」という行為です。
これは、ご神体やお神輿を上下左右に揺り動かすことによってその神性を活性化すると
いう神道の儀式のひとつ。魂に活力を与えて再生させる、という意味も含まれています。
猿田彦さまの手印を振ることによって、あなたの幸魂が自ずと活性化していくのです。
⑤猿田彦さまの手印を結んだまま「ひふみうた」を唱えます。
「ヒト　フタ　ミ　ヨ　イツ　ムユ　ナナヤ　ココノ　タリ　モモチ　ヨロズ」
このとき、手印は動かさずに唱えてください。

「あちめうた」の後にこの「ひふみうた」を唱えると、アメノウズメさまがあなたと神さ
まを繋いでくださいます。
すると、望んだ「幸せなこと」があなたのもとへと引き寄せられるのです。

（3）豊受さまの引き寄せワーク

豊受さまのワークは、

Ⅰ　月読さまが真名井の水を地球に降ろしてくれた
Ⅱ　その水で水田が潤って稲作ができた
Ⅲ　田んぼに黄金の豊かな稲穂が実った
Ⅳ　目の前には広大な黄金色の田んぼが広がっている

と想像して、その風景と同調し共鳴する引き寄せによって成功を受け取らせていただく、というアイデアです。

それによって衣食住の恵み、成功、幸せなどの現世ご利益を引き寄せられます。

①大地の神さまである「地天」の手印（176ページ参照）を結びます。

豊受さまの手印の代わりに大地神である地天さまの手印を使います。両手で水をすくうような形をつくり、親指を人さし指の付け根に当てる手印です。大地から収穫した何かを乗せているイメージ、または降ってきた雨を受け取るイメージで結んでください。

②豊受さまの名前を真言として、ゆっくり10回唱えます。

「トーヨーウーケーノーオーホーミーカーミー」

地天さま手印

③「ありがとうございます」と、ゆっくり10回繰り返します。

これで完成です。

手で何かを受け止める感じが出てきます。

「食前の祈り」と「食後の祈り」で恵みをいただく

豊受さまは五穀豊穣の神、稲荷の神、そしてご飯の神さまです。

ですから、食前と食後にお祈りを捧げることで、衣食住の恵みをいただくことができます。食前には、「これから食べるご飯を、神さまのお供物として捧げます」という意味で祈ります。

生きて、食べて、住んでいるこの世界を造り、守ってくださる見えない神さまがいらっしゃる――。ありがたいなあ。

私の生命は、「食べる」ことで続いている――。ありがたいなあ。

いただくご飯に自分の思いを込めて合掌し、神さまに捧げます。

ところがそれを続けているうちに、

「このご飯は神さまに捧げたのだから、食べている私もまた神さまになっているのだ」

つまり、「内在神としての我にお供物を捧げる」ということになるわけです。

この思いによって、「食前の祈り」が完成します。

自分で捧げて、自分がいただいているのに、「私は神さまのように扱ってもらっているのだな。ありがたいな」という気持ちが少しずつ湧いてくる。

その気持ちこそが本当の「いただきます」なのです。

外の世界から取り込んだ「水」と「食べ物」が命に変わるところ。

それによって人間が生きているということを「お蔭さまで」と思うところ。

それが外宮であり、豊受さまです。ご飯を食べ終わったら、食後のお祈りも捧げましょう。

第四章でもお話ししたように、食べ物から抽出したエネルギー体を「宇迦御魂大神（うがみのたまのおおかみ）」と言い、豊受さまの荒魂とされています。

つまり、「いただきます」と言って食べ始め、幸せいっぱい、お腹いっぱいになったとき、命の糧として増えたエネルギーが「お稲荷さん」の正体なのです。

このすべてをつくってくださっているのが外宮の豊受さまであると感じたときに「食後のお祈り」が有効になるのです。

どんなものを口にするときもこのような意識を持ち、食前と食後に祈りを捧げれば、それだけであなたの衣食住は満たされていきます。

どちらもぜひ、日々の習慣にしてほしいものです。

「食前の祈り」
たなつもの　百（もも）の木草（きぐさ）も天照す
日の大神の恵みえてこそ
いただきます

「食後の祈り」
朝宵（あさよい）に物くふごとに豊受の
神の恵みを思へ世の人
ごちそうさま

⑸ 天照さまの「十言（とこと）の神咒（かじり）」

これぞ最高のノウハウです。古神道の秘技。

これまで紹介したワークをやらずとも、これさえ実践すればよいというほどの究極の技。

願いごとを叶える「手印」を結び、神さまの名前を「真言」として唱えるだけで、何も

頼まずとも天照さまの「お蔭さま」をいただくことができる――。

それが「十言の神咒」という技です。

古神道の一派では「天の咲手」の手印を結び、「十言の神咒」を三十三回唱えるというのが儀式となっています。仏教でいうところの「般若心経」のお勤めに匹敵するものです。

この技の真髄は、言霊を言う「言上げ」というもの。つまり、猿田彦さまの「トホカミエミタメ」という八文字のやまびこが、今度は「アマテラスオホミカミ」の十文字に変わったということです。

「十言の神咒」とは、十の言葉から成る神さまを、美味しいリンゴのように「かじっていただく」という意味を持っています。

では、「十言の神咒」を唱えると、どんなことが起こるのでしょうか。

そこには「天照大神」という存在についての三つの捉え方が関わってきます。

一、太陽系の宇宙の秩序は、太陽を中心として周辺の惑星が自転公転を続けている運動にある。この秩序がそのまま人間の世界に現れたのが、日本の天皇を中心とする日本国。

ゆえに、太陽が宇宙生命のエネルギーの最高の源であり、宇宙のすべてはこのお蔭で命を維持している。そしてこの太陽の宇宙生命の人格的表現が、「天照大神」という神さまである。

二、人間の祖霊、祖先は高天原の神界にあり、したがって人間の先祖は神である。その天来の、つまり天下りしてきた人間はさまざまな民族に分かれたが、中でも日本人は精神の奥深い部分に、この天上人のエネルギー中枢を保有しており、人間の肉体はこの生命的中枢によって生命活動を行っている。

三、この生命エネルギーの中核とは、人間の心の中に輝く太陽であり、天照大神の分け御魂、分霊である。「十言の神咒」を唱えるとその分霊が光り輝いて、自分の精神の中に無数に放射される光となる。

これをまとめると、

①天照さまは天皇の先祖である

②天照さまは太陽の化身であり、その太陽が地球の万物を天照して生かしている。その命を整えて高めるのもまた天照さまである

③人間は皆、神さまの分霊である

ということになります。

少し差別的だと感じる方は、割り引いてお考えください。大切なのは③です。

最終的には、引き寄せもその他のこともすべて「神頼み」ではなく、最初から自分の中

のです。

には神さまの分霊が存在していて、それが「生命エネルギー」であり、その生命エネルギーは地球が太陽からもらっているものから生まれています。生命という神さまがおられるのです。

その概念を「天照大神」と言い、その力を表現するのが「アマテラスオホミカミ」という言霊で、言上げすることでパワーが生まれ、**天照さまの「入力バージョン」のワークになります。**

すなわち、自分の中に神社があって、そこに鎮座する内在神を呼び出す言霊が「十言の神咒」であり、**唱えれば声が光となって輝く**——ということが起こるわけです。

まずは1日1回、天の咲手の手印を結び、

「アーマーテーラースーオーホーミーカーミー」

と、真言のように唱えた後に、

「ヒト　フタ　ミ　ヨ　イツ　ムユ　ナナヤ　ココノ　タリ　モモチ　ヨロズ」

と、唱えることから始めてください。自分のペースで構いません。

古神道の儀式に倣い、爽やかな早朝に朝日に向かって行うことができれば最高です。

内宮でも自宅でも、天照さまを拝む際にはこの手印を結べば、自分の中に太陽がピカリンと光ってすべてを引き寄せることができます。

天の咲手は、「お蔭さまで」をいただく手印です。

手印を結んで天照さまの名前を10回唱えれば、なおよし。

手印を結ぶとできる三角形の空間の中に、朝日が入るようにして唱えるのもよし。

そして、

「私はダメだけど世界はＯＫ」

と思えるようになったら、天照さまの手印（186ページ参照）を結び、

「アーマーテーラースーオーホーミーカーミー」

と三十三回唱え、続いて、

「ヒト　フタ　ミ　ヨ　イツ　ムユ　ナナヤ　ココノ　タリ　モモチ　ヨロズ」

と唱えてから、

「あとはおまかせします」

と丸投げしてください。

天照さまの手印は、両手の親指と人さし指を合わせてリングをつくり、鉢のような形にします。残りの指は交互にずらしますが、このとき右の小指が手前にくるようにしてください。月読さまの手印と小指の前後が逆になります（月読さまは左小指が手前）。

これで完全な引き寄せが発生し、手印でつくった鉢の中に天照さまの光が入ってきます。

外の世界には、太陽が燦燦と照っています。

あなたのいる世界は、いまはジメジメとしてよいことがない状態なのかもしれません。

しかし待っていれば、自分の手の中にも太陽が光を注いでくれます。

そのときを、感謝をしながら待っていればよいのです。

「いつか自分にも太陽が注がれる」

そう確信したとき、すべてが変わります。

そして天照さまが光を注いでくださったときには、

「お蔭さまで」

と受け取って、己が素直に日陰になればよいのです。


天照さまには、もうひとつ技があります。

それは、

「できる自分に変わる」

という引き寄せです。

「外の世界はダメ。でも私はできる」

という人は、確信はないけれど自信はあるという状態です。

ではどうすればよいかというと、**天照さまの「出力バージョン」のワーク**を行えばよいのです。

この場合は、「陽」（凸）バージョンの手印（186ページ参照）を結んで、

「アーマーテーラースーオーホーミーカーミー」

と唱えます。

手印は、両手の親指と人さし指の先を合わせて、太陽のような円をつくります。

この円から放射する光を、外の世界にあてるというイメージです。

これは、「陽」のテンションモード、つまり願望実現の技にあたりますが、天照さまならそれでも引き寄せをすることができます。

そして天照さまは、「陰」のリラックスモードの引き寄せも得意です。

「私がダメ」の内側バージョンと、「世界がダメ」の外側バージョン。このふたつが揃って完璧な引き寄せの技になるのです。

天照さま手印（右小指が手前）

天照さま「陽」バージョンの手印

(6) 最終奥義「天御柱（あめのみはしら）の法」

いままでの総合的なワークであり「最終奥義」とも言うべき技です。

①猿田彦神社の八角形の石の上に、手を広げてあぐらをかいて座っているとイメージしてください。113ページに写真があるので、それを見るとよいでしょう。

②ここで再び「あちめうた」を歌います。

「あーちーめー、おーおーおーおー　おーおーおーおー　おーおーおーおー」

自分に必要な方位があれば、その方向を向いていると考えてもよいでしょう。

③すると、自分を乗せたその石が、孫悟空の如意棒のように天へ向かってグーンと伸びていき、雲を突き抜けて空の上へ行ったと想像してください。

④雲の上に出て天上界にまで届いたら、生きとし生けるものすべてに対して、自分が施しをするために「天の咲手」の手印で「十言の神咒」を唱えます。

声に出したひとつひとつの音が光に変化していって、音声そのものが光に変わったと感じながら唱えましょう。

「アーマーテーラースーオーホーミーカーミー」×10回

「ヒト　フタ　ミ　ヨ　イツ　ムユ　ナナヤ　ココノ　タリ　モモチ　ヨロズ」

「ありがとうございます」×10回

ここで少々物理学を持ちだすと、光も電磁波のひとつです。波動が荒くなると音の周波数が高くなり、最終的に「光になった」と思えばイメージしやすいでしょう。つまり、音波が電波になって、最後には光になったと思えば不思議なことではない、ということです。

昔の人たちは既に、音波が光になるという法則を知っていたようです。何の道具もなしに第三章でお話した「北緯34．5度」の方位を測量できた能力者たちですからね。

さて、ワークに戻ります。

⑤次に、猿田彦さまの道開きの「やまびこ」の技を、天照さまバージョンで行います。石の台座の上、つまり「天の御柱」と呼ばれる柱の頂上から、**あなた自身が天照さまとなり、万物に音の響きとして「言霊」を授けるのです。**

「アーマーテーラースーオーホーミーカーミー」×10回

「ヒト　フタ　ミ　ヨ　イツ　ムユ　ナナヤ　ココノ　タリ　モモチ　ヨロズ」

「ありがとうございます」×10回

その言霊は、黄金の雨となって万物にキラキラと降り注ぎ、空中の水蒸気のすべてが金色に輝きだします。

その言霊は、やまびこのように遠くへ届くと光の粒に変わり、辺り一面にシャワーの如く降り注がれます。**万物を照らす光の輝きを、いまあなたが恵みとして与えています。**

「この地球上の虹も、私の息です」くらいの壮大なイメージで行ってください。

この素晴らしい技を、自分の声で行っているというのが大きなポイントです。

虚空から万物をあまねく照らすから「天照大神」なのです。

天地に降り注ぐ光を、声で出している「言霊の天照さま」なのです。

そんな天照さまと自分が一体化しているワークです。
⑥次に、自分が地上にいるとイメージして、**天から降ってきた黄金の光を豊受さまとしてお皿で受け取ります。**
これぞまさに、自作自演。

もちろんその金は、自分だけに降らせたわけではありません。

あまねく万物、生きとし生けるものすべて、あの世にもこの世にも、そして神さまにも施しています。なぜならそれが、最高神である天照さまだからです。
⑦台座の上にいる自分は天照さまという神さま。
あまねく万物に施したけれど下界は見えません。

下界にいる自分は、その施しを待っていた人間。

他の人々に混じって、施された金をお皿で受け取りました。

そしてこれは、豊受さまの大地の恵みでした。

天と地と、両方にいる自分をイメージし、交互に感じてください。
⑧そして最後は、そのイメージを宇宙次元にまで格上げしていきます。
台座に座ったまま、頭上に広がる宇宙空間をイメージして、そこに輝く北極星と北斗七星の光を自分に降ろします。

つまり、**あなた自身が北極星となり、北斗七星の天龍になるのです。**

北極星は宇宙を中心から支えている星。どんな季節でも、どの時刻でも、同じ北の空に輝き、私たちが進むべき方向を指し示しています。

北斗七星もまた、目には見えずとも一年中北の空にあって、時には高い位置で、時には低い位置で、北極星の車としてその周囲を旋回しています。

そのどちらもがあなたです。だからこそ、万能なのです。

このワークを実践すれば、あなたのいるその場所が最高のパワースポットになります。

ついでに言っておきますが、天照さまが全国土に黄金の光を降り注いでいるのですから、この神国ニッポンに穢れた場所などひとつもありません。

そしてあなたが天照さまとなって「**天御柱の法**」を行うことで、すべての国土はますます美しくなり、すべての人はますます豊かになります。

そしてあなたの元へも、その美しさと豊かさがやまびこのように返ってくるのです。

いまの自分と向き合ってワークを行う

今回は、いままでにないほどたくさんのワークを紹介させていただきました。

「我」の浄化。
「世界」の浄化。
「世界の浄化」をしながらギフトを引き寄せる法。
「祓い浄め」と「神降ろし」の法。
「やまびこ」の引き寄せ法。
「幸せな気分」で引き寄せる法。
「同調の原理」の引き寄せ法。
「食前と食後の祈り」で豊かさをいただく法。
天照さまの「十言の神咒」。
「天御柱の法」。

これを全体の見取り図として、いまの自分に見合ったパターンを見つけてください。

例えばこんな感じです。

・ヘタレで性格が悪くて自信がないなら、月読さまと真名井の水のワーク
・憑依霊や外からの不幸にヤラれていると思うなら、猿田彦さまの八方位祓いワーク
・いまが幸せで、その幸せをもっと増やしたいならアメノウズメさまの引き寄せワーク
・ゴールを確信できるなら、外宮の豊受さまの引き寄せワーク

しかし、どのワークを実践しても、最終ゴールは天照さまにあります。

あなたを取り巻く外側の世界に確信をもたらす「陽」の気を放出する。

あなたの命のエネルギーは神さまの「分け御魂」。だからこそ何でもできる。

これが天照さまの究極の技です。

あなたの内側にいる内在神＝天照さまを「十言の神咒」と「天御柱の法」で目覚めさせることによって、完全なる引き寄せが発生します。

すると、何も頼まなくとも素晴らしいギフトが次々と贈られてくるようになります。

その幸せと豊かさを、外の世界から照らして輝かせてくださっているのが伊勢の神々。

ならばお礼を伝えに行かなければなりません。

そう、それが「お伊勢参り」の本当の目的なのです。

そして、「内在神の目覚め」と「お伊勢参り」もまた、「我」と「世界」の関係にあります。

内と外。我と世界。このふたつの現象で、完全な引き寄せは成り立っているのです。

第六章

「運命の輪」は必ず動き出す

「お蔭さま」の本当の意味

神さまは頼まなくても「知っている」

第五章のワークを終えて、いかがでしたか？

天照さま、豊受さま、猿田彦さま、アメノウズメさま。

そしてもうひとり、隠れていたパラメータは月読さま。

月読さまがあまり強調されていなかったのは、今回は、

「欲しいものを言わない」

というワークだったからです。

たとえば「結婚したい」「お金が欲しい」という願いごとがテーマだったとします。

そしてそのために、お伊勢さんに行くとします。

しかしその願いだけを言わず、「いま、あるもの」をどんどん言っていく――それは、既にあなたが所有している「富」なのですから、そこに焦点を合わせて「与えられている」ことを思い出してください。

あたりまえだから、気づいていなかったけれど。

既に、十二分に私には豊かさがあった。

溢れるばかりの多くのものが、私を支えている。

既に与えられている。

そのことを通して、神さまに繋がっていく――。

それが伊勢の神さまのワークの真髄なのです。


いま何もご利益がない状態で、手持ちの「財」をバランスシートで数えていきます。

私の場合なら、

「住む家があります」

「家族が元気です」

「目が見えます」

「体は元気です」

というような感じになります。

しかし、たとえばこれが健康を害している人だったら、

「腰が痛い」

「喉が痛い」

「ガンになってしまった」

「どうして私だけ……」

と、不調ばかりを数えてしまうでしょう。

だからこそ「健康になりたい」という願いを抱えてお伊勢参りに行くわけですが、それは言わなくてもよいのです。

なぜなら神さまは、口に出して頼まなくてもそのことを知っているし、叶えてくださるからです。

あなたが鳥居をくぐった瞬間に、あなたの願いを察知するのです。

霊能者とは違いますから、言わなければわからない、伝わらないということはありません。

ですから、鳥居をくぐる時点で頼みごとは忘れてよいのです。

なぜなら、叶えてくださるのですから。

何かを強く願いながらご神域に入っていくとき、あなたの「欲」は強すぎます。

下品な欲求は、恥ずかしい「我欲」です。それとも、そのように強く頼まなければ叶わないと、神の御力を見下しておられるのでしょうか。

ひと言頼めば、それだけで十分なのです。これが、第三章でお話しした、「伊勢に頼みごとは持ち込まない」というルールの真の意味にあたります。

あなたが本当に望む「たったひとつの願いごと」とは

では伊勢神宮では、何も願ってはいけないのか？

いえ、真実はそうではありません。

「何も願わないことで、すべての願いごとを叶える」

これが伊勢神宮の「お蔭さま」です。

つまり「完全引き寄せステージ」です。

この素晴らしい引き寄せの技を実現させるためには、

「願いごとに優先順位をつけ、いちばん叶ってほしい願いごとをひとつだけ持ち込む」

だけでよいのです。

あれも欲しい、これも欲しいというものではありません。

なぜかと言えば、私たち人間は2番目3番目の願いごとが全部叶えられても、いちばん大切に思っていたことが実現しなかったら、満足できないからです。

いえ、それどころか「負け組」になってしまいます。

幸せとは「量」ではないのです。
たとえばこんな感じです。
大好きな彼女ができました。
でもフラれてしまいました。
ヤケになって仕事を頑張りました。
成功しました。
大金持ちになりました。
もう私は何でもできます……。
それでも最後は、
「大好きな彼女さえいてくれればよかった……」
という結論にいたってしまうわけです。
ですから、願いごとの優先順位というのはとても大切なことなのです。
しかし多くの人は、自分の中でいちばん大切な願いを見失っているように思います。
「ここだけは譲れない」
「これだけでもいい」
と思うことは何ですか？

アラビアンナイトのように、もしも魔法のランプの精、ジーニーがひとつだけ願いごとを叶えてくれるとしたら、何を選ぶのでしょう？

あなたは「幸せになりたい」と言いながら、自分にとって最も重要な幸せが本当は何であるかを考えようとはせず、これも欲しい、あれも欲しい、これもない、あれもないと文句を言っているようですが、

「じゃあ叶えてあげるから、どれ？」

と言われたら、即答できないのではありませんか？

そんな状況で神社に行こうが、パワースポットに行こうが、たとえ数ある願いの中からひとつが成就したとしても、きっと不満足なままでしょう。

人が「神」に目覚める時

しかし逆に、いちばん叶えたい願いが実現したならば、残りのたくさんの願いがまだ叶っていなくても、あなたは「勝ち組」になることができます。

自信とモチベーションは異なるものです。

「いちばんの願いは叶った。残りの不幸は、やればできるけどまだ本気を出していないだけ」

そんなふうに思えるのではないでしょうか。

オリンピックで言えば、

「残りの競技会ではすべて予選落ちしたけれど、金メダルはひとつ持っているぞ！」

という状態です。次のオリンピックの選考会で負けたとしても、自分がタイトルホルダーでいられるという強みだってあります。


ではここで質問です。

「あなたがいま、いちばん困っていることは何ですか？」

たとえば、

「ガンを患っているけれど、治療費が足りない」

という状況だとしたら、健康とお金のどちらを優先させるのでしょう。

「彼氏が浮気者で、結婚できない」

という状況なら、恋愛と結婚のどちらを優先させるのでしょう。

そしてどちらかにいちばんの順位をつけて、それが解決したとしたら、

「いちばんの不幸はなくなった。あとの問題は、やればできるけどまだ本気を出していないだけ」

と思えるのではないでしょうか。

いま、何もできていないことなど関係ない。

本気を出せば、残りの問題はすべて解決できるはず。

だって、いちばん困っていたことが解決したのだから。

不可能だと思っていたことが可能になったのだから。

そのとき、人は、

「神さまは、いらっしゃる」

と確実に思うことができるのです。

その思いが、「信仰」という心に繋がっていくのです。

人は、いちばん大事なことが実現したときに初めて、神仏に目覚めます。

人は、いちばん困っていることが解決したときに初めて、神仏に目覚めます。

つまり、

「いちばん叶えたいこと」

と、

「いちばん困っていること」

というのは、実は同じであるということです。

自分のいちばんの幸せがわからない時は、いちばんの不幸も考えてみるとよいでしょう。

困っていることも願いごとも伊勢で叶う

いちばん叶えたいこと。

いちばん困っていること。

このふたつの答えが一致していれば、それがあなたのファイナルアンサーです。

異なっていた場合は、どちらを早く叶えて欲しいかを比較して、深刻度が高いほうを選べばよいのですが、そこは人によって差が出てきます。

たとえば、

「お金が欲しい」――願いごと
「ガンを治してほしい」――困っていること
となってくると、あとは現状分析や認識が物を言います。

そこに客観的評価は介入しません。

末期ガンで余命いくばくもないと宣告されたとします。

私なら「ガンを治してほしい」というのがファイナルアンサーです。

しかし本人が「もうダメだ」と思っていたら、

「どうすれば子供に財産を残せるか」

「仕事の跡取りを見つけなければならない」

など、違う願いごとが優先順位のトップにくるかもしれません。

ですから、その人にとっていちばん困っていることが、神さまに頼む内容ではないかもしれないわけです。

ところが、伊勢の神さまは五柱の力を集結して、叶えたい願いごとも、困っている問題も、どちらも叶えてくださるというのが素晴らしいところ。

困っている問題は、猿田彦さまへ。

困ったことを「なかったこと」にしてくださる神さまです。

あなたがいちばんに叶えたいことが「困っている」ことなら、ご神域に我欲と呪いという穢れを持ち込むことになってしまいます。

だからこそ、外宮や内宮参拝の前に、猿田彦神社に立ち寄って「大祓い」をしていただくわけです。

ですから、

「いま困っています。何とかしてください」

という人たちは、猿田彦さまの「道開大神」の能力で助けられます。

第四章でもお話ししましたが、人間の願いごとは八方位の気学によって八分割されている「方向のエネルギー」に過ぎず、最終的なフォルダーは8パターンしかありません。

その8パターンのすべての中心点に立って「トホカミエミタメ」と言うと、邪気があって困っている願いごとがすべてキレイになるというのが、第五章で紹介した猿田彦さまの八方祓いのワークです。

すると道が開かれて、願いごとはとりあえずクリアできるわけです。

さて、残っているのは、

「欲しくて仕方がないもの」

というポジティブ系の事柄だけになります。

お伊勢参りではその状態で外宮に足を運ぶわけですが、ポジティブに欲しいものというのは、お金か、健康か、名誉か……つまり「衣食住」の分類にすべて入っているわけです。

仕事がうまくいって、欲しいものが買えて、恋人がいて、家庭があって、子育てが順調で、体が元気だったら、大満足ですよね。

「悟りたい」

「国家安泰」

というところまで考える人など、ほとんどいないでしょう。

そうした「衣食住」の願いごとを叶えるのが外宮であり、主祭神は「豊かに受ける」と書いて豊受大神さまになっています。

「目で見えるすべての豊かさを受け取ってね」

と言ってくださる神様です。

9割以上の人は、ここでもうニコニコ状態です。

猿田彦さまが困ったことを解消してくださって、豊受さまが願っていることを叶えてくださったら、もう神社へ参拝に行く必要がなくなっているわけです。

心の底から「ありがとう」と言える時

ところが世の中には、望んでいることのすべてがうまくいった後に、

「これから何をすればよいのか」

「やることがなくなってしまった……」

と考える人もいるものです。

目で見える豊かなものはすべて手に入った。

そこで初めて、自分が本当に欲しかったものは、

「心の幸せ」

「喜び」

「楽しみ」

「安心」

だったということに気づくわけです。

年収２００万円の人が４００万円ほしいと思い、稼げたら一般的な社会人の年収になっ

て、500万円稼げたらすごいなと思い、今度は700万800万の年収を目標として死ぬほど働き、そうしたら1000万円2000万円になりました――。これは、満足できる金額が人によって違うというだけの話です。自分が想定した金額と仕事とその内容をクリアしたら満足してもよいし、もっと上に目標設定をしてもよいけれど、結局これはすべて「外宮」のご利益です。

すべて得られても「心」で満足しなかったら、面白くなかったのです。

ポルシェがよかった、フェラーリがよかったという話ではなかったわけです。

外宮で願いごとがすべて満たされたら、心が満足する幸せを得られると思っていたのに、そうではなかった。

あるいは猿田彦神社で困ったことが解決したら満足できると思っていたのに、そうではなかった。

なぜ気づかなかったのか。

それは「まだもらっていない」から。

望んだことがすべて叶ったときに初めて、フォーカス・ポイントが、

「問題解決や衣食住の充実はすべて、安心したり喜んだりするためのものだった」

という内面へと移行し、自然にステージが上がっていくのです。

心の内側に「安心」「楽しみ」「喜び」の三つの柱がないと、人は「幸せ」ではありません。

そしてこの三つの柱と「幸せ」が手に入る場所、それが内宮です。

つまり、

猿田彦神社は「困ったことの解決」

外宮では「この世で見える衣食住のご利益」

内宮では「三つの柱と幸せ」

お伊勢参りではこのすべてが得られるわけです。

これらすべてが揃ったら、人はどうなるのでしょうか。

困ってもいない。

求めているものも得られた。

心の幸せも得られた。

欲も穢れもなくなった。

だから、罪を犯すことはない。

怒りを持ってそれを鎮められないということもない。

不安もない。

悲しみもない。

恐れもない。

すると、その先の結論はひとつしかありません。

「よい人間になります。ありがとうございました」

これだけです。

本当の始まりはここから

しかし、ここがまだゴールではありません。

それが伊勢の神さまのすごいところです。

「よい人間になります」

「ありがとうございます」

と心底思えたときに、お伊勢さんの「本当の仕掛け」が始まるのです。

ここでもう一度思い出してください。

頼みごとをしないので「お賽銭箱」がない。

穢れがないので「注連縄」で結界を張っていない。

既にすべてが叶えられているので「おみくじ」によるご託宣も不要。

ご神域のすべてに神さまが溢れているので、本当はポンポンと柏手を打つ必要もない。

この構造で、願いごとがすべて「勝手に引き寄せられる」ご神域になっているのですから、何も願わず、何も頼まず、求めに行かず、入っていけばよい。

すると、

「よい人間になります。ありがとうございました」

の向こう側にある仕掛けが始まります。

それは、

「神仏に目覚める」

ということ。

すべてが満たされてしばらく経つと、

「私がこんなによい状態になっていることは、神さまが助けているからだ」

と、初めて実感できる——伊勢の構造は本来、そのようにできているのです。

そしてようやく、心の底から本物の「感動」と「感謝」が湧き出してきます。

口先だけではなく、心から、

「ありがとうございました」

を言える人こそが「勝ち組」だということです。


ビジネスの成功哲学で有名なナポレオン・ヒルは、

「成功の最終極意は、この世の中に神さまはいると思うことである」

という名言を残しました。

信仰とは無縁に思える〝ビジネスに長けた人たち〟も、最終的にはこうした境地に至ることがトップの世界に入れる極意であるとわかっているのです。ちなみのこのトップの世界というのは全世界の人口のうちの約5％しか存在せず、その5％の中にいる2％の人が超トップの「頂点」を極めていると言われています。

そしてそこには、

「運がよい」

ということも含まれています。

「人間風水」によって困ったこともなくなって、まだ完全に運はよくなっていないものの幸、財、禄、衣食住のすべてがよくなったというのは、富士登山で言えば八合目付近、人口比率で言えば8割くらいの人です。

もちろん8割の成功をつかんだ時点でご利益そのものはほぼOKなのですが、本当にすごいのは「人間風水」で神降ろしをして、住んでいる場所そのものが「神社」にならなければならないのです。たとえ風水がパーフェクトになったとしても、それは所詮人間技ですす。風水は悪くないですし、確かに当たります。けれど結局は人間がやっていることなので、困ったことはまた出てくるわけです。

さらにこの8割の人は、トップの世界の仲間入りができるかもしれない残り2割の人に、このままでは決して勝つことができません。

なぜならその2割に入る人というのは、神さまが勝手に守ってくださっているからです。

その人たちはもしかしたら、信仰などしていないかもしれません。

それでもやることなすことうまくいって、運がよくて満たされているわけです。

ここまででようやく上位2割の仲間入りができて、それでも十分幸せなのですが、そこからさらに上位の5%にはまだ入っていないし、そのまた上の2%にも入っていません。

実力を100%発揮しながら「勝つか負けるか」の勝負をしている中で、勝利を収める連中が何千人もいるわけです。上位の世界というのは、才能にあふれた人が真面目に努力をしながら競争している世界。アホはいないし、不真面目もいない。それらを最低限の条件として「誰がトップですか」という世界。「目標を立てて頑張ってみませんか」「生き甲斐が見つからない」「困っています」などというレベルではないのです。

才能のある人がありったけの努力を重ねる――。それでも「勝てない」人たちがいます。勝てる人には溢れるほどの「運」があり、勝てない人にはわずかな「運」しかない。

だからこそ、常に運がよいわけです。

豊かな「運」を造っているのは、

「神さまはいらっしゃる」

という思いです。

その人たちは「感動」と「感謝」ができる人です。

そうした人が、ずっと上位の世界にいられるようになる条件が、伊勢の神さまによって示されているのです。

その条件とは何か。

外宮で幸せになっている。

内宮で心の世界がよくなっている。

そして「感動」と「感謝」ができるようになった。

私は「運がよい」と思える。

「神仏」に目覚めている。

さあ、最後は何でしょうか？

それは、

「畏敬の念」

です。

それによって、上位の人々は生きているのです。

世界に対しての畏敬の念。

命に対しての畏敬の念。

神さま仏さまに対しての畏敬の念。

宇宙の過去の履歴に対しての畏敬の念。

先祖や生命発生に対しての畏敬の念。

現状に対しての畏敬の念。

ここから先の未来の時空もきっとよくなっていくという確信と、畏敬の念。

確信だけではないのです。

畏敬の念があるのです。

その気持ちを確認するための場所が、「伊勢」だったのです。

ですから、

「お蔭さまで、ありがとうございました」

とだけ、伝えにいけばよいわけです。

これが、ファイナルアンサーです。

基本的に世界の宗教は、その宗派を信仰していなければご神域に立ち入ることは禁止されています。

「お蔭さま」の本当の意味

しかし日本の神道は、他宗教の人も鳥居をくぐって参拝してよし。ご神域と謳っていながらもどんな人でも熱烈歓迎。そのうえ「神も仏もない」と思っている無宗教の人にまで門戸を開いています。

そんな宗教は、世界中探してもありません。

ということは、お伊勢さんが標的にしているのは「全地球」であり、人間を含めた「すべての生命体」であるということです。

注連縄が必要ない「ザ・ワールド」なのです。

伊勢の神さまに対してまだ畏敬の念を持たない頃の日本は、

「大日本帝国になって世界を支配してやる」

という間違いに陥っていました。

伊勢で頭を下げられる謙虚さの方向へ、畏敬の念として入っていかないと、どうしてもそうなってしまいます。

最後に口を突く本当の思いは、

「お蔭さまで、ありがとうございました」

これこそが、天照さまと豊受さまの最終ゴールです。

そしてそのゴールから、また物語が始まっていくのです。

入口は無限にあります。

それはビジネスだったり、スポーツだったり、学問だったりさまざまですが、いまあなたのいる世界で頂点を極めていくと、登山の五合目六合目ではわからなかったことが、八合目以上で必ず見えてきます。

それが、

「運がよい」

「神様はいる」

ということです。

引き寄せから始まって、「畏敬の念」と「感謝」にゴールするのが伊勢の神さまの真髄。ワークを実践し、お伊勢参りにぜひ行ってください。

運命の輪は必ず回り出します。

「勝ち組」とは、「我」が消えていくことでした。

みなさんがどうか、本当の意味で「人生の勝ち組」になれますように。

あとがきにかえて

まず、神さまに「まかせなさい」シリーズの三冊目として、伊勢の神さまの書籍を出版できたことに感謝いたします。

伊勢の神さまや神社に関しては諸説あり、そのためさまざまなご意見もおありかと思いますが、以前と同様に寛大な心でご容赦ください。

いまから2年前、

「出雲の神さまの本を書いてください」

と依頼を受けたとき、私の中にあるアイデアが閃きました。

出雲の神さまのお話を書いた後には住吉の神さまのお話を、そして最後には伊勢の神さまのお話を書かせていただこう——。

まだ一冊しか頼まれていないのに、そこまで行くという予感があったのです。

日本には数多くの神社があり、八百万の神さまがいらっしゃいます。

その中から出雲―住吉―伊勢という三つの神社と神さまを選んだことには、理由があります。

この三社を繋いでいるのは「ドラゴン」です。

出雲のドラゴンは、素戔嗚尊（すさのおのみこと）さまが退治したヤマタノオロチです。そして、その尾から三種の神器のひとつである「天叢雲剣（あめのむらくものつるぎ）」を得ました。

住吉のドラゴンは、主祭神のひとりである息長足姫命（おきながたらしひめのみこと）さまが龍宮城の乙姫であり、「龍女祓災秘咒」です。ドラゴンと剣は常に対の関係で、住吉三神の表筒男神（うわつつのおのみこと）・中筒男神（なかつつのおのみこと）・底筒男神（そこつつのおのみこと）が剣を納める「鞘」になっています。

伊勢のドラゴンは、外宮の豊受大神さまと北斗七星です。

二見が浦の海に、「この世」と「常世」を夫婦のように結んでくれる、龍宮のドラゴンがいらっしゃいます。

そのドラゴンは外宮へと翔んでゆき、外宮の天空で輝く北斗七星というドラゴンと結びつき、剣となって住吉の鞘に納まります。

外宮には勾玉池があります。「勾玉」とは翡翠（ひすい）の文化を持つ出雲の神さまであり、三種の神器のひとつです。

そして内宮にいらっしゃる天照さまは、万物を照らす太陽であると同時に鏡の神様です。

その鏡の名は「八咫鏡」。三種の神器のひとつです。
出雲大社、住吉大社、伊勢神宮という三冊の本が、そのまま「三種の神器」になる――
考えたのは、そんな長い長い物語なのでした。
三種の神器が揃っているのですから、そこには最高の神社が建立されます。
祀られている神さまは、あなた自身です。
あなたの中に神社があり、あなたの中に神さまがいる。
ならばもう、困ることも、悩むこともありません。
そんな素晴らしい人生を、これから歩んでいってください。
そしてまた機会があれば、今度は別の物語でお会いしましょう。
お力添えをいただいたすべての存在と、最後までお付き合いくださったすべての方々の
幸せと豊かさをお祈り申し上げます。

清水義久

参考文献

『古事記』（岩波書店）

“豊かな人生と最高の幸せ”を引き寄せたいなら
「伊勢の神さま」にかませなさい

2018年 9 月 30 日　　初版発行
2018年 10 月 7 日　　2 刷発行

著　者……清水義久
発行者……大和謙二
発行所……株式会社大和出版
　東京都文京区音羽 1-26-11　〒112-0013
　電話　営業部 03-5978-8121 ／編集部 03-5978-8131
　http://www.daiwashuppan.com
印刷所……信毎書籍印刷株式会社
製本所……ナショナル製本協同組合
装幀者……斉藤よしのぶ
イラスト……伊東ぢゅん子

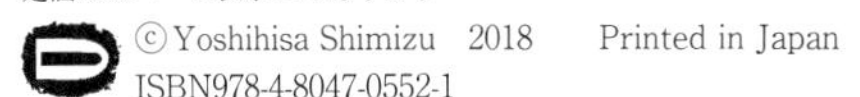

ISBN978-4-8047-0552-1